BASTEI
LÜBBE

Heidi Kabel

Fischkochbuch

BASTEI
LÜBBE

BASTEI-LÜBBE-TASCHENBUCH
Band 62 064

1. Auflage 1983
2. Auflage 1985

Originalausgabe

Printed in West Germany 1985
Einbandgestaltung: Roberto Patelli
Gesamtherstellung: Ebner Ulm
ISBN 3-404-62064-X

Der Preis dieses Bandes versteht sich
einschließlich der gesetzlichen Mehrwertsteuer

INHALT

Die Zutaten sind für 4 Personen berechnet

Abkürzungen:
Bd. = Bund, EL = Eßlöffel, g = Gramm, l = Liter, Msp. = Messerspitze, P = Packung, Paket, Pr. = Prise, St. = Stück, T. = Tasse, TL = Teelöffel

Vorwort

Vielleicht, lieber Leser und liebe Leserin, fragen Sie mit einiger Verwunderung, warum eine Schauspielerin ein Fisch-Kochbuch schreibt. Diese Frage ist schnell beantwortet: Als Hamburgerin, im rauhen Klima Norddeutschlands aufgewachsen und lebend, braucht man ein Essen, das Leib und Seele zusammenhält.
Den ersten Platz auf unserer norddeutschen Speisekarte nimmt Fisch ein. Und es ist nicht verwunderlich, daß die besondere Attraktion Hamburgs für Einheimische und Fremde ein Volksvergnügen ist, das »Fischmarkt« heißt. Andererseits habe ich auf meinen Theatertourneen im In- und Ausland viele Fischgerichte in jeder Form kennengelernt. Meine Neugier als Hausfrau trieb mich dann oft genug, nach einem gelungenen Fischessen, das Rezept beim Koch zu erfragen. Nach Hamburg zurückgekehrt, habe ich dann meine Familie »bekocht«. Nun mußte ich meine eigene Erfahrung und Kreativität einsetzen, und als Ergebnis finden Sie nicht etwa ein monotones »Man nehme«, sondern erprobte und praktikable Rezepte, die Ihnen und Ihrer Familie Freude machen werden und denen Sie, weil nämlich Fisch eines der schmackhaftesten Nahrungsmittel ist, viel Geschmack abgewinnen werden. Dies war ein Hauptgrund für mich, Sie mit der richtigen Garmethode und vielen Rezepten bekanntzumachen, weil mir oft genug fader, ausgelaugter zäher Fisch vorgesetzt wurde, besonders dann, wenn die Hotelküche meinte, »Kochfisch« müsse auch »kochen«.
Ich bin eine Köchin aus Leidenschaft, denn beim Kochen kann ich selbst gestalten, eine Möglichkeit, die mir im Blut liegt. Auf der Bühne versuche ich es auch, die Rollen zu gestalten und mit Leben zu erfüllen. Mein Wunsch ist es,

daß Sie dies auch bei der Lektüre meines Büchleins spüren.
In meinem Urlaub in Büsum habe ich einmal eine Meerwasser-Trinkkur gemacht und dabei erfahren, daß das Meerwasser in der chemischen Zusammensetzung dem menschlichen Blut gleichkommt. Wenn Sie nun bedenken, daß alles Leben auf unserer Erde aus dem Meer stammt, dann können Sie ermessen, in welchem Maße uns der Fisch die heilsamen ursprünglichen Kräfte auf den Tisch bringt. Essen Sie mindestens zweimal in der Woche Fisch, dann sind Sie bald »so munter, wie ein Fisch im Wasser«!
Die folgenden Rezepte hätte ich auch alphabetisch nach Fischnamen einteilen können. Dann hätten Sie z. B. auch den Waller gefunden, aber hätten Sie ihn im Geschäft bekommen können? Deshalb erschien es mir praktischer, die Zubereitungsart als »roten Faden« zu nehmen. Die Entscheidung liegt dann bei Ihnen und Ihrer Familie: Wollen wir heute Kochfisch oder Bratfisch essen?
Im Kapitel »Kochfisch« finden Sie beispielsweise alle gängigen Fischsorten, die sich als Kochfisch eignen. Nur in wenigen Fällen, z. B. beim Matjes und bei Räucherfisch, habe ich das Prinzip zugunsten des Spezialrezepts durchbrochen.
Früher bestimmten Art und Form des Fisches meist das Fischgericht; heute haben Sie die Möglichkeit, Abwechslung in Ihre Fischmahlzeiten zu bringen, wenn Sie die Fischarten und die Zubereitungsarten untereinander austauschen.
Und nun ans Werk!
Lieber Hausmann und liebe Hausfrau, wenn Ihnen die Gerichte dieses Büchleins gelungen sind, dann haben Sie das Fisch-Abitur bestanden. Aber gehen Sie getrost weiter! Lassen Sie sich inspirieren, und zaubern Sie mit Hilfe

Ihrer Fantasie neue köstliche Gerichte. Beginnen Sie bald Ihre Entdeckungsreise, denn nie ist Fisch so reichhaltig und vielfältig angeboten worden wie heute. Zum Fisch-Fan kann jeder werden, auch Ihre Familie und Ihre Gäste.

Heidi Kabel

Kleine Warenkunde vom Fisch

»Das ist's, das ihr essen
sollt von allem, das
in Wassern ist, alles was
Flossen und Schuppen hat
sollt ihr essen.«

(5. Buch Mose)

Der Fischverbrauch richtet sich naturgemäß nach dem Angebot. Bei den *Seefischen* liegen vier Arten mit großem Abstand an der Spitze:

1. Rotbarsch; 2. Kabeljau, Seelachs, Schellfisch; 3. Heringe, Sprotten, Sardinen, Sardellen; 4. Scholle, Flunder, Seezunge, Steinbutt, Heilbutt, Makrele.

Aus Europas Flüssen, Bächen, Teichen und aus Zuchtanlagen erhalten wir delikate *Süßwasserfische:*

Aal, Äsche, Felchen, Forelle, Hecht, Karpfen, Lachs (Salm), Schill, Schleie, Zander.

Die Konsumfische *(Weißfische)* gelten zu Unrecht als weniger delikat (vielleicht weil sie zahlreicher sind?), doch wenn sie gut zubereitet werden, sind sie nicht weniger schmackhaft:

Barbe, Brachsen (aus der Gattung Karpfen), Barsch, Rotfeder und Plötzen (Rotaugen).

Bei der Zubereitung sollten Sie frische Beigaben schon vorgaren, denn die Garzeiten für Fische sind kurz. So braucht die Forelle ca. 10 Min. zum Garziehen und der Karpfen nur 30 Minuten.

Seefische

Rotbarsch

(Goldbarsch, Seekarpfen)
Festes Fleisch, fettfrei (nur 3 g Fett auf 100 g Fisch), fast immer zu Filets verarbeitet, wegen seiner sehr harten, festsitzenden Schuppen und großen Stacheln auch geräuchert. 3 Pf. Rotbarsch ergeben nur etwa 1 Pf. zartrosa Filet. Aus seiner Leber wird vitaminreiches Öl gewonnen. Eiweißgehalt des Goldbarsches: 19%.

Kabeljau

heißt als junger Fisch Dorsch.
Beliebter Koch- und Bratfisch; liefert Lebertran, wird luftgetrocknet zum Stockfisch, gesalzen und getrocknet zum Klippfisch, gesalzen und rotgefärbt zum Seelachs, dem Lachsersatz in Dosen. Der Kabeljau ist zart und wohlschmeckend: 17% Eiweiß bei nur 0,3% Fett.

Seelachs

wird auch »Köhler« genannt.
Zuerst hauptsächlich als rotgefärbter Lachsersatz in Dosen verarbeitet, übertrug sich der Name auf den lebenden Fisch; er ist ein guter Speisefisch. Er eignet sich für alle Zubereitungsarten: 18% Eiweiß und nur 0,7% Fett.

Schellfisch

Der beliebte Fisch – häufig auch als Angelschellfisch bezeichnet, was ihn aus der Masse heraushebt – gehört zur Kabeljau-Familie. Sein Fleisch ist zart, weiß und fettarm, sehr fein im Geschmack. Am besten zum Dünsten und Dämpfen, aber nicht zum Braten geeignet. Er wird überwiegend als ganzer Fisch angeboten. Sein Eiweißgehalt ist 18%; er ist sehr fettarm, nur 0,12%, daher als Räucherfisch für Diätler sehr beliebt.

Hering

Fettreich, immer noch verhältnismäßig preiswert und wohlschmeckend. Der jungfräuliche Hering ist der Matjes. Der Vollhering ist mit Milch oder Rogen gefüllt. Ihle ist der schlanke, ausgelaichte Hering. – Er ist frisch und geräuchert als Bückling gleich stark beliebt. Hundertfach verschiedene Vollkonserven. Er hat 17% Eiweiß, sein Fettgehalt schwankt zwischen 8 und 22%.

Sprotte

Die Sprotten gehören zu den Schwarmfischen; sie erreichen eine Größe von höchstens 16 cm. Bis vor kurzem gab es sie fast nur als Räucherfisch (Kieler Sprotten), aber sie lassen sich auch sehr gut als Backfisch zubereiten. Die Sprotte enthält 18% Eiweiß und 9% Fett. Neuerdings gibt es sie als Vollkonserve.

Sardine

Die Sardine ist in südlichen Gegenden bekannter als bei uns. Man fritiert oder grillt sie und verzehrt sie mit »Haut und Flossen«. Grillen von frischen Sardinen ist nur in Alufolie möglich, weil sie sonst, klein wie sie sind, schnell verbrennen würden. – Wir kennen die Sardinen vor allem als Ölsardinen. Ohne Öl sind sie als Regenerationskost empfehlenswert. Ölsardinen werden schmackhafter durch längere Lagerung, doch sollten hin und wieder die Dosen umgedreht werden, damit das Öl überall hinkommt.

Sardelle

auch Anchovis genannt, ist entfernt mit Sardine und Hering verwandt. Unter guten Bedingungen wird sie bis zu 15 cm lang. Die in Öl oder Salzlake konservierten Sardellen sind sehr beliebt, sie geben Würze und Geschmack und sind für bestimmte Gerichte wichtig.

Scholle

gehört zum Stamm der Plattfische. Die kleinere Scholle aus der Ostsee ist beliebter als die größere aus der Nordsee. Das Fleisch schmeckt angenehm kräftig, besonders gebraten, aber auch gebacken, gedünstet und gegrillt ist es köstlich. Diese bekannteste Vertreterin der Plattfische hat als Kennzeichen rote Tupfen auf der dunklen Oberseite; die Unterseite ist fast weiß. Das Fleisch enthält 17% Eiweiß und 0,8% Fett.

Flunder

Dieser Plattfisch hat als besonderes Kennzeichen die rauhe Oberfläche; er wird gefangen von Nordeuropa über den Mittelmeerraum bis zum Schwarzen Meer. Vorzüglich zum Backen, Braten und Dünsten. Ideal als Räucherfisch mit ca. 17% Eiweiß und 0,5% Fett.

Seezunge

Als kleinere Schwester der Scholle ist sie jedoch unser edelster Tafelfisch. Sie hat festes, weißes Fleisch von erlesenem Wohlgeschmack. Die klassische Küche kennt rund 400 Rezepte, die moderne Küche hat es auf rd. 100 Rezepte gebracht. Ihre Beliebtheit hat sie immer teurer werden lassen. Auf 100 g enthält sie 18 g Eiweiß und ca. 1,4 g Fett.

Steinbutt

hat seinen Namen von den kleinen Knorpeln auf seiner Oberseite, die sich wie Steine anfühlen. Er wird dort gefangen, wo auch die Flunder ins Netz geht. Er ist ein sehr schmackhafter Edelfisch, hervorragend zum Dämpfen und Dünsten. Sein Fleisch enthält 17% Eiweiß und 1,7% Fett.

Heilbutt

(Weißer Heilbutt)
ist der größte unter den Plattfischen und wird in seiner mehr länglichen Form bis zu 4 m groß (dann hat er 300 kg). Daher wird er in Portionsstücken angeboten. Sein Fleisch ist zart, weiß und wohlschmeckend, am besten gebacken oder gedünstet; es hat 20% Eiweiß und 2,29% Fett. – Der Schwarze Heilbutt wird höchstens 18 kg schwer und 1 m lang. Er ist edler als sein größerer Bruder und wurde bislang nur geräuchert angeboten, neuerdings aber auch als Frischfisch. Gedünstet in Alufolie oder gegrillt ist er eine Delikatesse (12,9% Eiweiß, 13,2% Fett).

Makrele

Der schlanke elegante Fisch wird immer beliebter; zuerst als Räucherfisch und nun als Frischfisch und Konserve. In allen Fällen hat er ein besonders feines Aroma, eine hervorragende Qualität sowie saftiges Fleisch (10–15% Fett, 19% Eiweiß).

Wir werden uns immer einmal wieder an neue Namen gewöhnen müssen. Die neuen Fische sehen zwar anders aus, aber sie sind schmackhaft und so gut zu verarbeiten, wie die uns bisher bekannten. Scheuen Sie sich nicht, mal einen

> *Merlan, Degenfisch, Grenadierfisch, Goldlachs, Stöcker, Seehecht, den blauen Wittling, den Heringsfisch-Pilchard oder den Blauleng*

auf den Tisch zu bringen.

Merlan

(Weißer Wittling)
hat weiches zartes Fleisch mit dezentem Geschmack und ist schon in der französischen Küche sehr geschätzt. Er wird nicht sehr groß und daher als Ganzfisch angeboten (0,5% Fett, 18,4% Eiweiß).

Degenfisch

wird im allgemeinen in der Form von Filets angeboten, denn er ist ca. 110 cm lang und völlig schwarz. In 500 m Tiefe wird er gefangen. Er ist wohlschmeckend.

Grenadierfisch

gehört zu den Dorschen. Charakteristisch ist für ihn der lange, spitz zulaufende Schwanz, der 50% der Körperlänge (1 m) ausmacht. Das weiße Fleisch des hell- bis dunkelgrauen Fischs ist sehr wohlschmeckend (ca. 0,42% Fett, ca. 15% Eiweiß).

Goldlachs

ist ein Koch- und Bratfisch. Er ist ca. 50 cm lang, schimmert gold-gelblich und hat einen leicht gurkenähnlichen Geschmack. In 500 m Tiefe wird er gefangen.

Stöcker

ist nur 40 cm lang und glänzt silbrig. In Spanien und Portugal schon längst bekannt, kommt er jetzt auch auf unseren Tisch. Er schmeckt gut und läßt sich hervorragend dünsten und braten.

Seehecht

wird vor der Südküste Afrikas und vor Südamerika in großen Mengen gefangen. Er wird bis zu 1 m lang bei 10 kg Gewicht. Sein Fleisch ist ausgezeichnet, fest und weiß, es enthält 0,8% Fett und ca. 17% Eiweiß.

Blauer Wittling

schmeckt in Panade sehr gut. Er hat eine Länge von 40 cm und lebt in großen Schwärmen. In ca. 300 m Tiefe wird er gefangen.

Heringsfisch-Pilchard

ist ein Verwandter des Herings und lebt wie er in Schwärmen. Hauptsächlich wird er vor Südamerika gefangen und hat eine Größe von 26 cm. Wie der Hering eignet er sich vorzüglich für die industrielle Verarbeitung. Sein Fleisch hat rd. 7% Fett bei einem Eiweißgehalt von ca. 20%.

Blauleng

ist sehr gut zum Kochen und Braten geeignet. Er wird 1,50 m lang und hat eine blaue bis schwarze Haut. Er kommt in 1500 m Tiefe vor. Das Fleisch ist weiß, fest und wohlschmeckend, es enthält nur 0,5% Fett und etwa 19% Eiweiß.

Süßwasserfische

Aal

Er lebt im Süßwasser und wandert zum Laichen in die Sargasso-See (Atlantik). Zur Wanderzeit färbt er sich goldsilbern (= Blankaal). Die jungen Aale kehren wieder zurück – nach etwa 3 Jahren kommen sie bei uns als Glasaale vor. Nach 5 bis 12 Jahren wandern sie wieder. Sie sind inzwischen würzig und fettreich geworden: 15 g Eiweiß, 24 g Fett auf 100 g.

Äsche

Ein sehr feiner Fisch mit weißem, zartem Fleisch und etwa 25 bis 30 cm groß. Er wird selten angeboten.

Bachforelle

Der Name bedeutet nicht, daß sie aus einem Bach stammt, jedoch sind wild lebende Bachforellen besonders würzig. Ihr Fleisch ist hellweiß und zart mit 20% Eiweiß und etwa 3% Fett; sie erreicht eine Größe bis zu 70 cm.

Regenbogenforelle

Sie ist die im allgemeinen servierte Forelle, da sie sich besser als die Bachforelle züchten läßt; sie hat etwa 19% Eiweiß und 4% Fett. Das Fleisch ist weiß und zart, sie ist meist 25 cm groß.

Hecht

Der Hecht lebt in unseren Gewässern als Raubfisch, er wird bis 150 cm groß, jedoch meist in der Größe 50–60 cm angeboten. Junge Hechte sind saftig und zart, ältere oft zäh. Eiweiß 19%, Fett 1%.

Karpfen

ist ein typischer Zuchtfisch; ursprünglich schlank, ist er heute groß und breit. Die Schuppen wurden verringert (= Spiegelkarpfen) oder sogar ganz weggezüchtet (=Lederkarpfen). Der Karpfen ist heute in allen wärmeren, wenig fließenden Gewässern zu Hause, sein Fleisch ist weiß, zart, aber fettreich: 18% Eiweiß und 5% Fett. Im Handel meist zwischen 30 und 60 cm groß.

Lachs

Der Lachs ist sehr selten geworden; er liefert ein sehr schmackhaftes Fleisch, das zartrosa bis lachsfarben ist, fest und verhältnismäßig fett. Der Lachs wird bis zu 150 cm groß. Eiweiß 20%, Fett 13%. Hauptsächlich in Amerika und Kanada gefangen, bei uns in Dosen angeboten, aber neuerdings auch frisch.

Schleie

Sie ist mit einer Größe von 20–45 cm im Handel, kommt in allen Flüssen und Seen vor. Das Fleisch ist zart: Eiweiß 18%, Fett 5%.

Zander

In Österreich heißt er »Schill« und kommt vor allem in flachen trüben Gewässern vor. Der Zander hat sehr zartes Fleisch (das nur begrenzt haltbar ist), mit 19% Eiweiß und 0,8% Fett. Er wird bis zu 100 cm groß, doch ist er meist mit 30 bis 60 cm im Handel.

Barsch

hat leicht giftige Rückenstacheln, aber ein sehr zartes, wohlschmeckendes Fleisch. Meist 30 cm groß mit 18% Eiweiß und 1% Fett. In der Schweiz als »Egli« ein Nationalgericht.

Weißfische

kommen überall in Europa vor; dazu gehören unter vielen anderen Rotfeder, Plötze, Barbe, Elritze und Gründling. Obwohl ziemlich grätenreich, sind sie allgemein bekannte Konsumfische; Eiweißgehalt meist um 17%, Fett um 5%.

Wels

ist sehr selten geworden. Er wird noch in sauberen Flüssen und Seen, vor allem im Donauraum gefangen und erreicht eine Größe bis zu 5 m und 300 kg Gewicht. Sein Fleisch ist würzig, zart und weiß. Eiweißgehalt ca. 19%, Fettgehalt ca. 11%.

Gewürze für Fischgerichte

»Halte dich gerade beim Schwimmen!« ruft die Heringsmutter ihrem Sprößling zu. »Oder willst du als Rollmops enden?«

Als wertvolle Ergänzung zum Fisch werden immer mehr frische Kräuter verwendet. Dieser Trend hat ganz automatisch eine Fülle von Gewürzen, Würzmitteln und getrockneten Kräutern auf den Markt gebracht. Ich habe mich seit jeher für Gewürze interessiert und schon seit Jahren festgehalten, welches Kraut oder Gewürz zu einem bestimmten Gericht besonders gut paßt.
Alphabetisch geordnet finden Sie nachfolgend vielfältige Verwendungsmöglichkeiten. – Verschiedene Kräuter soll man nicht mitkochen; aber würzen Sie nie zu stark, sonst entgeht Ihnen der Genuß, den Eigengeschmack der Fischarten zu entdecken. – Schließlich will ich Ihnen nicht verschweigen, was meine Großmutter, die nur wenige Gewürze kannte, zu sagen pflegte: »Das beste Gewürz für einen Fisch ist frische Butter!«

Basilikum	Marinaden, Soßen
Beifuß	Fisch, gedünstet
Bohnenkraut	gekochter Fisch, Fischteig, Suppe
Cayenne-Pfeffer	Eintopf, Auflauf
Chilischoten	Marinaden
Curry	Krabben, Langusten, Muscheln, Fischsalat, gekochter Fisch, Soßen
Dill	gekochter Fisch, Aal, Frikassee, Suppe,

	gebackener Fisch, Hummer, Krabben, Krebse, Fischfilet, Soßen, Marinaden
Essig	Sud, Marinaden, zum Säubern
Estragon	Aal, Frikassee, gekochter Fisch, Sud, Marinaden
Fenchel	Fischsuppe, Fischsoße, Karpfen
Fischgewürz-Mischung	Kochfisch, Fischsuppe, Bratfisch, Sud
Gulasch-Gewürz	Fischauflauf
Ingwer	Fischgerichte, Fisch gedünstet, Sud
Kapern	Frikassee, Soßen, Fischgerichte, zur Dekoration
Kardamom	Fischgerichte
Kerbel	gekochter Fisch, Marinaden
Knoblauch	Aal, Muscheln, Soßen
Knoblauchsalz	Fischsuppe
Koriander	Kochfisch, Fischgerichte, Marinaden
Kresse	Fischgerichte, Marinaden
Kümmel	Hummer, Krebse, Thunfisch
Lavendelblätter	gekochter Fisch, Suppe
Liebstöckel	gekochter Fisch, Sud
Lorbeerblatt	gekochter Fisch, Aal, Sud, Marinaden
Majoran	Fischsalat, Soßen
Meerrettich	Soßen
Meersalz	Hummer
Muskat	Soßen
Muskatblüte	Fischgerichte
Nelken	gekochter Fisch, Marinaden, Sud
Oregano	Marinaden
Panade	Mischung aus Ei und Semmelmehl zum Panieren
Paprika	gebackener Fisch, Auflauf, Fischgulasch, Bratfisch, Marinade, Grillfisch, Fischfilet, Soßen

Petersilie	gekochter Fisch, Marinaden, Eintopf, Sud, gebackener Fisch, Auflauf, Aal, Frikassee, Krabben, Muscheln, Fischfilet, Soßen, zur Dekoration
Pfeffer	Sud, gekochter Fisch, Muscheln, Fischfilet, Fischsalat
Pfefferkörner	gekochter Fisch, Aal, Sud
Pfefferminz	Fischgerichte
Piment	Marinaden, Kochfisch, Sud
Pimpernell	Marinaden, Sud
Rauchsalz	Fischfilet
Rosmarin	Eintopf, geschmorter Fisch, Suppe, Soßen, Marinaden
Safran	gekochter Fisch, Muscheln, Fischsuppe
Salbei	gekochter Fisch, Aal, Aalsuppe, Suppe, gebackener Fisch, Salat, gebratener Hering, Sud
Salz	zu allen Fischgerichten
Sardellen	Soßen, Fischgerichte
Sauerampfer	Marinaden, Soßen
Schalotten	Marinaden, Sud, Soßen
Schnittlauch	Suppe, Salat, Soßen, gekochter Fisch, Fischfilet, kalte Fischgerichte
Senf	Soßen, Fischstücke, Fischfilet
Senfkörner	gekochter Fisch, Sud, Marinaden
Suppengrün	(Möhren, Sellerie, Lauch, Petersilienwurzel) Fischsuppe, Fischsoßen, Sud, Fischgerichte
Tabasco	Fischfilet
Thymian	Aal
Tomatenmark	Soßen
Wacholderbeeren	gekochter Fisch, Marinaden, Sud
Wein (Weißwein)	als Würze für Fischgerichte (nicht mitkochen)

Weinraute	Fischsalat
Zimt (Stangen-zimt)	Fischsud
Zitrone	gebackener Fisch, Frikassee, Kaviar, Muscheln, Soßen, Marinaden, zum Säuern
Zitronenmelisse	Soßen, Sud
Zitronenschale	gekochter Fisch, Sud, Soßen, Marinaden
Zwiebel	gekochter Fisch, Aal, Muscheln, Soßen, Sud

Die moderne Fischküche

»Die Gaumen sind gar sehr verschieden,
und allen recht zu tun, ist schwer.
Denn was den einen stellt zufrieden,
darüber schimpft ein anderer sehr.«
(Volksmund)

Die moderne Fischküche ist sachlich und zweckentsprechend; sie hat mit vielen Vorurteilen aufgeräumt und dem wertvollen Fischgericht die Stellung verschafft, die ihm zukommt.

Das älteste Vorurteil – aus religiösen Gründen – war die Anweisung, freitags Fisch zu essen. Wir folgen lieber der richtigen Ansicht, wenigstens zweimal wöchentlich Fisch auf den Tisch zu bringen, zusätzlich abends als Konserve oder Räucherfisch, auch als Sprotten- oder Kater-Frühstück.

Früher gingen viele Vorzüge des Fisches auf seinem Transportweg verloren und erst recht mied man ihn im Sommer – in den Monaten ohne »r« aß man keinen Fisch. Der Genuß blieb den kühl-kalten Monaten mit »r« vorbehalten. Heute reisen Fische auf schnellstem Wege im Kühlwaggon oder Kühllaster – ganz zu schweigen von tiefgekühlten Fischen – und kommen meeresfrisch in jede Küche. Die Frage nach ihrer Frische stellt sich überhaupt nicht mehr. Gerade wenn die Sonne lacht, ist Fisch die ideale Nahrung, er enthält so wenig Bindegewebe, daß er – auch in größeren Portionen – leicht verdaulich ist. Er belastet den Kreislauf nicht; für die Hausfrau bedeutet seine Zubereitung immer Zeitersparnis.

In meiner Jugend gab es Fisch lediglich »gekocht« oder »gebraten« und bei seiner Zubereitung blieb oft auch sein

vorzüglicher Geschmack auf der Strecke. Moderne Garmethoden haben hier Wandel geschaffen, denken Sie nur an das Dünsten in der Folie.
Berücksichtigen Sie auch so moderne Methoden wie das Zubereiten im Römertopf. – Der Schnellkochtopf ist nicht allgemein nützlich, weil Fische eine zu kurze Garzeit haben. (Dünstfisch mit Kartoffeln z. B. nur 6 Min.). Jedoch bringt der Schnellkochtopf Vorteile beim tiefgekühlten Fisch, den Sie unaufgetaut direkt in den Topf geben können.
Neuerdings ist in Amerika das »Köcheln« der Hit. Damit ist ein langsames Garen bei niedrigsten Temperaturen gemeint; es kommt einem sanften Schmoren gleich. – Von meiner Mutter weiß ich noch, daß sie – nicht nur bei Fisch – »köchelte«. Das Fleisch oder der Fisch wurde auf dem Kohleherd über der Feuerstelle kurz angebraten; dann wurde der Topf an den äußersten Rand der warmen Herdplatte geschoben, wo er so lange stand, bis das Gericht gar war. Sicher leben wir heute bequemer; es ist leichter, einen Elektroherd anzuschalten, als einen Kohleherd in Gang zu bringen, aber das Ergebnis – die gekochte Mahlzeit – ist um vieles schmackhafter. Nun verstehe ich, daß in einer Schloßküche auch heute noch alles auf einem riesigen Kohleherd gekocht wird.
Für dieses Büchlein habe ich eine Einteilung gewählt, die sich an der Methode des Garens orientiert. Vor jedem Kapitel werden Sie eine ausführliche Schilderung finden. Obwohl in der Gegenwart schon viel genutzt, möchte ich behaupten, daß die Zukunft der Fischküche in der *Tiefkühltruhe* liegt. Die Menschheit hat immer Vorratshaltung betrieben und viele Konservierungsmöglichkeiten erfunden, aber die beste aller Möglichkeiten ist das Tiefkühlen. Das Einfrieren ist ein natürlicher Vorgang, der keine chemischen Zusätze benötigt; die Eskimos haben schon

immer ihre Vorräte eingefroren. Aufgetaut ist alles so frisch und schmackhaft, wie es vorher war. Dies gilt besonders für Fisch, der ohne Abfälle eingefroren wird, geruchsfrei bleibt, immer bei Bedarf vorhanden ist und eine preisausgleichende Wirkung hat: Sie kaufen ihn, wenn er preiswert ist und verbrauchen ihn, wenn er teurer geworden ist.

Nach statistischen Erhebungen liegt es nur an den *Gräten*, wenn Männer keinen Fisch mögen. Hier, liebe Leserinnen, liegt Ihre große Chance! Machen Sie Ihren Männern zuerst einmal Appetit mit Fischfilet und achten Sie darauf, daß nicht etwa eine Garnitur Gräten mit filetiert worden ist; dann gehen Sie über zu grätenlosem (z. B. Aal) und grätenarmem (z. B. Heilbutt-Kotelett) Fisch. Schließlich wird er sich den Genuß auch nicht durch Gräten beeinträchtigen lassen. Er wird es schnell lernen, die Gräten vor dem Essen fachgerecht herauszunehmen:

Mit dem Fischmesser die Haut des Fisches am Rücken entlang trennen, dann mit der Fischgabel und dem Fischmesser die Haut abziehen und beiseite legen. Mit dem Fischmesser an der in der Seitenmitte des Fisches befindlichen Mittelgräte entlangfahren und nun mit der Gabel von der Mitte aus das Rückenfleisch nach oben und das Bauchfleisch nach unten schieben. Den Fisch auf die andere Seite legen und genauso verfahren. Nun bleibt das Grätengerippe vollständig übrig. In den Seitenteilen zum Schwanz hin könnten sich noch kleinere Gräten halten, aber der Fisch hat im allgemeinen blätteriges Fleisch; wenn Sie also mit Messer und Gabel schnell die Blättchen umlegen (vom vorherigen Blättchen lösen und umkippen) sehen Sie sehr schnell, wo noch kleinere Gräten sitzen.

Sie können zum Verspeisen eines Fischgerichtes ein *Fischbesteck* nehmen, das wie ein übliches Besteck benutzt wird. Lediglich die Messerschneide des Fischbesteckes ist stumpf, denn die Gräten sollen nicht etwa geschnitten werden. Schneiden wäre gefährlich, weil dann Grätenstücke im Fischfleisch stecken blieben. Grundsätzlich soll das Fleisch von den Gräten abgehoben werden.

Spezialbestecke gibt es noch für Krebs (Messer, Gabel), für Kaviar (Messer, Löffel), Hummer (Gabel, Zange), Austern (Messer, Gabel).

Für marinierten Fisch wie Rollmops oder Hering und auch beim Räucherfisch können Sie das normale Eßbesteck verwenden.

Sie können auch anstelle des Fischbesteckes zwei Gabeln aufdecken. Mit ihnen läßt sich Fisch vielleicht noch besser auseinanderblättern. Dann sollte man mit der rechten Gabel essen und die linke zum Zerlegen benutzen – natürlich dürfen Sie die rechte Gabel zu Hilfe nehmen.

Herr von Knigge – Sie wissen schon! – war strikt gegen Messer beim Essen von Fisch. Das hatte auch seinen Grund, denn zu seiner Zeit waren Bestecke aus Eisen, die einen häßlichen Geruch annahmen. Bei modernen Bestecken kann dies nicht geschehen.

»Fisch riecht nicht gut«, ist das Argument der Fischgegner, doch es ist nicht stichhaltig. Tiefgekühlter Fisch – zum Beispiel – riecht überhaupt nicht. Den Küchengeruch können Sie vermeiden, wenn Sie einige Grundregeln beachten.

Gleich wenn Sie vom Einkauf nach Hause kommen: Fisch nach den Regeln behandeln (besonders die »Drei-S-Methode« beachten, Seite 35) und sofort zubereiten. Es entsteht kein Geruch, wenn Sie den Fisch sofort verarbeiten. Zusätzlich können Sie noch ein mit Essig befeuchtetes Tuch zwischen Topfrand und Topfdeckel legen.

Falls Sie den Fisch nicht sofort verarbeiten, entfernen Sie das Einwickelpapier, schlagen den Fisch in ein feuchtes Essigtuch ein und stellen ihn in einer Schüssel kühl und

dunkel. Kurz vor der Zubereitung waschen Sie den Fisch unter fließendem kaltem Wasser ab und legen Sie ihn zum Vorbereiten auf ein Stück Pergamentpapier, in das Sie anschließend die Abfälle einwickeln können. Vor allem das schwarze Häutchen aus der Bauchhöhle und das darmartige Gebilde längs der Rückgratknorpel sind es, die vor allem den unangenehmen Geruch verursachen.
Zusätzlich helfen Essig und Zitronensaft, beides wird bei der »Drei-S-Methode« verwendet. Außerdem, falls Sie braten, sollten Sie etwas geriebenen Käse unter das Paniermehl mischen. Alles Küchengerät, das benutzt wurde, sofort kalt abspülen, auch Hände und Geschirr *vorher* mit kaltem Wasser abspülen (nicht abtrocknen), und dann in das normale Spülwasser geben. Die Hände waschen Sie außerdem mit Kaffeesatz, den Sie für diesen Fall aufgehoben haben, der Geruch verschwindet sofort!
Meine Großmutter sagte immer: »Ein guter Fisch soll dreimal schwimmen: zuerst natürlich in seinem Element, dem Wasser, dann in Fett – Butter ist durch nichts zu ersetzen – und schließlich während und nach der Mahlzeit im Wein.«
Heute hat sich unser Geschmack so gewandelt, daß zu manchen Gerichten eher Bier als Wein paßt und das Bier noch durch einen eiskalten Klaren aus dem Norden ergänzt wird. – Ich will Ihnen eine kleine Übersicht geben, bei der allerdings der »klassische Geschmack« überwiegt:

Fisch	*Wein*	*Lage*	*Sekt*	*Bier*
gekocht	lieblicher Weißwein	Riesling, Silvaner		
gedünstet	spritziger Weißwein	Mosel, Saar		
gegrillt				Pilsener
gebraten	schwerer Weißwein	weißer oder rosé Bordeaux		Pilsener
m. Würzsoße	Weißwein	Gewürztraminer		
paniert				Pilsener
gebacken	mittelschwerer Weißwein	Rheinpfalz Nahe		
fritiert				Pilsener, Korn
Austern			»trocken«	
Hummer	weißer Burgunder			
Krabben	Weißwein	Baden		
Kaviar			»trocken«	Wodka
Lachs	Weißwein	Baden		
Muscheln	Weißwein	»leicht«		
Räucherfisch	Weißwein	»trocken«		
	leichter Rotwein, junger Rotwein	»leicht«		
Hering	Rosé	»kräftig«		Pilsener, Aquavit
Süßwasserfische	Weißwein	»fruchtig«		

Vorbereitungen für ein Fischgericht

»Das Essen ist einer der vier Zwecke des Daseins. Welches die drei anderen sind, darauf bin ich noch nicht gekommen.«

(Montesquieu)

Fisch vorbereiten

Am Anfang einer delikaten Fischmahlzeit steht die Vorbereitung des Fisches.

Die bekannteste Regel hat man als die »3-S-Methode« bezeichnet.

1. *S*äubern: Den küchenfertig zubereiteten Fisch unter fließendem kaltem Wasser abspülen (aber niemals ins Wasser legen) und darauf achten, daß bei ganzen Fischen Blutgerinnsel an Schnittstellen und in der Bauchhöhle sorgfältig entfernt werden (evtl. mit Teelöffel oder Messer auskratzen). Dann den Fisch mit Küchenkrepp trockentupfen.
2. *S*äuern: Den Fisch mit Zitronensaft (manchmal mit Essig) beträufeln und 5 Min. ziehen lassen. Die Säure bewirkt, daß das Fischfleisch beim Kochen oder Braten fest wird und schließlich auch seine appetitliche helle Farbe behält.
3. *S*alzen: Nur unmittelbar vor der Zubereitung den Fisch mit Salz würzen (sonst wird ihm Flüssigkeit entzogen und er schmeckt fade) und mit Kräutern oder Gewürzen bestreuen.

Dies sind die Grundarbeiten, es bleibt natürlich noch mehr zu tun, wenn Sie einen ganzen Fisch vor sich liegen haben.

Im Fischgeschäft können Sie sich den Fisch schon küchenfertig vorbereiten lassen, auch Tiefkühlkost ist bereits verwendungsfähig. Ich möchte Sie jedoch wappnen für den Fall, daß Ihnen einmal ein ganzer Fisch beschert wird.

Fisch ausnehmen

(Falls Sie doch einmal einen lebenden Karpfen haben sollten: Durch einen kurzen harten Schlag ins Genick wird er schmerzlos getötet – ich habe es noch nicht versucht.) Den Fisch auf die Seite legen und mit einem scharfen Messer den Bauch vom Schwanz bis zum Kopf aufschlitzen und die Eingeweide herausziehen. Dies muß behutsam geschehen, weil die Galle auf keinen Fall verletzt werden darf, sonst wird der ganze Fisch ungenießbar. (Galle und Leber sitzen dicht unter dem Kopf.) Dann, wie bereits oben gesagt, die schwarze Innenhaut und das darmähnliche Gebilde unter dem Knorpel entfernen.

Flossen abschneiden

Mit einer Küchenschere die Bauchflossen und die Rückenflosse am Rücken entlang sauber abschneiden und die Schwanzflosse stutzen. Evtl. müssen Sie auch den Fischkopf abschneiden, wenn Ihr Topf nicht groß genug ist, oder der Kopf über die Servierplatte hinausragen würde. Auch große Kiemen sollten herausgeschnitten werden, weil sie – besonders bei Seefischen – manchmal streng schmecken.

Fisch schuppen

Schuppen können beim Braten und Grillen verbrennen oder sich ablösen, wenn sie den Fisch kochen oder dün-

sten; sie können den Teller verunzieren und im Spülwasser auf anderes Geschirr schwimmen, ganz davon abgesehen, daß einige Arten bitter schmecken; deshalb, liebe Fischköchin, bleibt Ihnen das Schuppen leider nicht erspart.
Tun Sie es am besten unter fließendem Wasser mit einem großen Messer und mit sanftem Druck, nicht mit Kraft. Manche Fische, z. B. Karpfen, haben kaum noch Schuppen; sie dürfen auch nicht geschuppt werden, weil sonst die Hautschicht verletzt wird, die für die »Blaufärbung« beim Karpfen nötig ist. Fische, die »blau« gekocht werden, sollte man auf einem nassen Brett ausnehmen. (Auch Fische mit zarter Haut brauchen nicht geschuppt zu werden.) Übrigens, zum Schuppen gibt es auch Spezialgeräte.

Fisch häuten

Einigen Fischen wie z. B. Aal, Seezunge, Rotzunge wird die Haut abgezogen. Bei den Zungen die Haut mit einigen Schnitten am Schwanzende lösen, mit einem Tuch fassen und mit einem Ruck abziehen. – Beim Aal dagegen die Haut am Kopf lösen, den Kopf an einem kräftigen Haken befestigen, die Haut etwas umstülpen, mit einem Tuch fassen und abziehen.

Fisch filetieren

Wie oben beschrieben die Fische vorbereiten – das Schuppen können Sie sich ersparen. Zum Enthäuten am Schwanzende ein Messer zwischen Fleisch und Haut schieben und das Messer zum Kopf hin mit schabender (nicht schneidender) Bewegung führen. Nicht in die Haut und nicht ins Fleisch schneiden. – Bei Plattfischen ist es

wesentlich einfacher, den Daumen am Rand zwischen Haut und Fleisch zu stecken – etwa 2 cm tief – und mit dem Daumen ringsum am Rand entlang zu fahren. Den Fisch am Schwanz festhalten und die Haut abziehen – auf der anderen Seite ebenso verfahren.
Bei länglichen Fischen auf beiden Seiten das Fleisch einschneiden und zwar vom Kopf zum Schwanz an der Mittelgräte entlang. Nun mit einem möglichst biegsamen, schmalen Messer flach an den Gräten entlang vom Schwanz beginnend zum Kopf hin das Fleisch lösen. Am Kopf die Filets abtrennen.
Soll der Fisch gefüllt werden, muß die Mittelgräte am Kopf und Schwanz abgeschnitten, mit einem Tuch angefaßt und langsam herausgezogen werden. Die Seitengräten dann aufrichten, mit dem Messer von vorn nach hinten entlangstreichen und die Gräten mit einer Pinzette herausziehen. Machen Sie sich diese kleine Mühe, sonst wird Ihnen der Genuß verdorben.
Bei Plattfischen ist es am einfachsten, wenn man ebenfalls längs der Mittelgräte das Fleisch einschneidet, dann die beiden Seiten in vier Filets ablöst – wie beschrieben.
Auch Hering ist einfach zu filetieren. Vorbereiten wie oben, den Bauch ganz aufschneiden, dann den Hering auseinanderklappen. Mit dem Daumen an der Mittelgräte entlangfahren, so daß sie sich auf der einen Seite aus dem Fleisch löst. Nun die Mittelgräte vom Schwanzende her langsam mit den Seitengräten zusammen herausziehen. Zum Schluß enthäuten. Die Haut vorsichtig vom Schwanz her abziehen und das Fleisch mit dem Messer herunterdrücken.
Flossen, Kopf und Schwanz auf keinen Fall wegwerfen, sondern gesäubert für den Fischsud verwenden, den Sie immer für Koch- und Dünstfische verwenden sollten.
Zu bratender oder zu backender Fisch sollte stets trocken-

getupft sein, besonders bevor er in eine Panade kommt. Fisch stets heiß auf vorgewärmten Tellern servieren – die Gäste sollen auf den Fisch warten, nicht umgekehrt. Fisch, der einige Zeit steht (manchmal nur Minuten) wird fade und verliert Geschmack.

Besser frisch als fein

Frischer Fisch verdirbt schnell, deshalb erst kurz vor der Zubereitung einkaufen. Qualität ist wichtig; das Fleisch soll fest und sehr elastisch sein. Der Geruch muß frisch sein. Frische Fische haben hellrote Kiemen und einen frischen Geruch an den geöffneten Kiemen. Geben Sie beim Fischeinkauf immer der Frische den Vorzug vor der Feinheit!

Wieviel Fisch brauchen Sie?

Fisch – ausgenommen	250–300 g pro Person
Fischfilet	200 g pro Person
Muscheln mit Schalen	700 g pro Person
Krabben – gepult	70 g für 1 Scheibe Brot

Fisch-Küchentips

»Nach einem guten Essen kann man allen Menschen verzeihen, sogar seinen eigenen Verwandten.«

(Oscar Wilde)

- Abgesehen vom Fischauflauf sollten Fischgerichte nicht lange stehen – oder etwa warm gehalten werden – sonst verlieren sie ihren edlen Geschmack.
- Fische immer mild würzen, sonst verlieren sie ihren Eigengeschmack.
- Fisch nicht längere Zeit gesalzen stehen lassen, er verliert Flüssigkeit und Aroma.
- Fisch darf niemals »kochen«, sondern nur gar ziehen.
- Fischpasteten werden immer nur mit der Gabel gegessen, die Benutzung des Messers ist verboten (warum, weiß ich nicht!).
- Zum Einkauf von Tiefkühlkost sollten Sie eine Kühltasche benutzen.
- Aale sind aalglatt: mit grobem Salz einreiben, dann rutschen sie nicht weg.
- Zum Grillen die Fische vorher reichlich mit Öl einpinseln.
- Curry ist lichtempfindlich: immer in dunklen Gefäßen an kühlem Ort aufbewahren.
- Beim Schuppen von Fisch spare ich viel Zeit, wenn ich sie kurz durch heißes Wasser ziehe und dann abschuppe.
- Fischgeruch am Geschirr läßt sich auch entfernen, wenn man es mit Kaffeesatz abreibt.
- Für Fische benutztes Geschirr stets nur mit kaltem

Wasser abwaschen.

- Fischgeruch an den Händen entferne ich auch mit Zitronensaft.
- Heringsgeruch an den Händen werden Sie los, wenn Sie sie dünn mit Senf bestreichen, etwas einziehen lassen und dann abspülen.
- Knoblauchatem verschwindet, wenn Sie ein Glas Milch trinken.
- Zwiebelgeruch an den Händen verschwindet, wenn man sie mit Salz abreibt.
- Tomaten lassen sich leicht häuten, wenn man sie am Stielende kreuzweise einschneidet, mit kochendem Wasser übergießt und kalt abschreckt.
- Jede Woche zweimal Fisch – ist gesund, hält schlank und frisch!
- Bereiten Sie Fischröllchen, dann sollten Sie die Filets immer so aufrollen, daß die Hautseite nach innen kommt, sie halten besser die Form.
- Küchenkrepp in der Fischküche ist durch nichts zu ersetzen; er dient zum Trockentupfen der Fische und zum Aufnehmen von Flüssigkeiten, Abwischen von Geräten usw.
- Fisch nicht zu lange »säuern«. Durch die Säure im Zitronensaft oder Essig wird er schon »vorgegart«.
- Versalzene Speisen lassen sich durch nochmaliges Aufkochen mit rohen Kartoffelscheiben wieder genießbar machen.
- Gebrauchtes Fischfett soll man nicht zum zweitenmal benutzen. Man läßt es erkalten, nimmt es mit Küchenkrepp auf und reibt unter Erwärmung die Pfanne mit Salz aus.
- Garen in Alufolie erspart Kalorien; wertvolle Nährstoffe bleiben erhalten.
- Fischgerichte kühlen schnell aus, deshalb sollten Sie

immer das Geschirr vorwärmen.

- Fischkonserven sollten Sie immer im sauberen Spülbecken öffnen, denn meist quillt Öl, Soße oder Flüssigkeit heraus. Sofort mit Küchenkrepp aufwischen.
- Ganze Fische werden innen und außen gesäuert und gesalzen.
- Haben Sie Fisch durch den Fleischwolf gedreht, so beseitigt eine Zitronenschale oder essiggetränktes Pergamentpapier – zum Schluß durchgedreht – den Fischgeschmack.
- Öl oder Flüssigkeit aus Konserven, die Sie für Ihr Rezept nicht benötigen, gleich in den Ausguß gießen: Etwas Spülmittel dazu und dann kaltes Wasser nachlaufen lassen.
- Achten Sie beim Einkauf auf Qualität: frischer Fisch ist elastisch, doch fest im Gewebe und hat einen milden Seegeruch.
- Kaufen Sie unbedenklich auch im heißen Sommer Fisch – er ist stets frisch; besonders aber Marinaden sind eine erfrischende und kräftige Sommerkost.
- Beim Braten von Fischen können Sie – um Fettspritzer zu vermeiden – den Deckel auf die Pfanne legen, denn auch darunter werden die Fische braun.
- Beim Braten stets etwas Fett unter den Fisch geben, wenn Sie ihn wenden, sonst setzt er an. Am besten eine beschichtete Pfanne benutzen.
- Wälzen Sie Fisch in Mehl oder Panade – bitte vorher gut mit Küchenkrepp trockentupfen.
- Fischgerichte sind Schnellgerichte: erst braten oder grillen, wenn die Familie bereits am Tisch sitzt.

Kleines Küchen-Abc

Abschäumen

abschöpfen des Eiweißgerinnsels auf Fischbrühen (oder Fleischbrühen)

Alufolie

in Alufolie kann man Fisch fettfrei dünsten

Anchovis

sind mit Salz eingelegte Sardellenfilets

Aperitif

ein Getränk, das vor dem Essen als Appetitanreger gereicht wird

Aspik

mit Gelatine oder durch Einkochen (Eindicken) hergestellte Fischsülze

Bardieren

mit Speck belegen oder umbinden

Beizen

das Säuern des Fisches mit einer Flüssigkeit, in der er längere Zeit liegt und dadurch zart und schmackhaft wird (Gewürze werden dazugegeben)

Bismarckhering

Filet von einem frischen Hering, eingelegt in Essigmarinade mit Senf- und Pfefferkörnern und Zwiebelringen

Blau kochen

Zubereitungsart für Forellen, Karpfen, Hechte oder Schleien. Die schleimige Haut dieser Fische färbt sich beim Kochen blau, wenn der Hautschleim unverletzt ist, sonst übergießt man sie mit kaltem oder heißem Essig

Brathering

grüne ausgenommene Heringe, gebraten und in einer Essigmarinade eingelegt

Bückling

geräucherter Hering; vom Juni bis Oktober besonders zart

Court-Bouillon

Fischsud (siehe »Sud«)

Crème fraîche

ist frische Sahne, durch natürliche Reifung eingedickt, leicht säuerlich im Geschmack

Curry

wird besonders im Orient, aber auch in England und bei uns als Fischgewürz verwendet

Dämpfen

Garmachen von Fisch in Wasserdampf, wichtige Nährstoffe bleiben so erhalten

Dorsch

ist der jugendliche Kabeljau

»Drei-S-Methode«

Säubern, Säuern, Salzen

Dressieren

Fischen mit Hilfe von Faden, Klammer oder Nadeln eine koch-, brat- oder grillfertige Form geben

Dünsten

Garmachen von Fisch im eigenen Saft, mit Fett oder etwas Wasser

Eiweiß

liefert das Material der Zellen und baut sie auf

Eiweiß, tierisches

enthalten in Fisch, Fleisch, Ei, Milch, Käse, Leber

Essenz

stark eingekochte, konzentrierte Brühe von Fisch

Farce

feingehackte Mischung von Fisch und anderen Zutaten; zum Füllen zu verwenden

Fischfilet

hält sich in der Tiefkühltruhe mehrere Monate

Fischfond

wird in der Fischküche von der Court-Bouillon unterschieden; benötigt werden Abfälle des Fisches, Gräten und Flossen kleingehackt, die mit Gewürzen gekocht werden

Fischstäbchen

tiefgekühlte, panierte Fischfilet-Stücke

Flambieren

Fische oder Scampis (u. ä.) mit hochprozentigem Alkohol übergießen, anzünden und brennend servieren

Fleurons

kleine Halbmonde oder Dreiecke aus Blätterteig, die zu Fischgerichten gereicht werden

Fritieren

in reichlich Fett garen, so daß das Gargut darin schwimmt

Garnelensoße

Buttersoße mit Garnelenbutter aufgeschlagen, gewürzt mit Sardellenessenz, garniert mit Garnelenschwänzen

Gebackene Fische

werden zuerst paniert und dann gebraten

Glasieren

überziehen von gegartem Fisch mit stark eingekochter Brühe

Glutamat

Würzmittel, das den Eigengeschmack besonders hervorhebt; ist in vielen fertigen Würzmischungen enthalten

Gratinieren

durch starke Oberhitze eine gebräunte Kruste erzielen

Grüner Hering

der frische, noch unverarbeitete Fisch

Kipper

vom Rücken aus gespaltener, leicht gesalzener und geräucherter Hering, der gebraten wird

Knurrhahn

Stachelflossenfisch in warmen und gemäßigt warmen Meeren

Krustentiere

sind Hummer, Krebse, Scampi, Langusten und Krabben

Legieren

mit Eigelb anrühren und binden

Limandes

= Rotzunge

Mai-Scholle

gilt als die beste Scholle

Marinade

das Säuern des Fisches mit einer Flüssigkeit, durch die er schmackhaft und fest oder konserviert wird (Gewürze werden dazugegeben)

Matjes

in milde Salzlake eingelegte Filets des jungen Herings, der noch nicht gelaicht hat

»Müllerin Art«

braten von Fischen, die vorher in Mehl gewälzt werden

Panieren

wälzen von Fisch in Mehl, geschlagenem Ei und/oder Paniermehl

Phosphor

das »Mineralsalz der Nerven«, beruhigend, für geistige Frische, in Fisch, Pflanzenöl, Austern, Bohnen, Blumenkohl, Käse, Rettich enthalten

Pochieren

Fische unter dem Siedepunkt gar ziehen lassen

Rollmops

Bismarckhering-Filets ohne Kopf und Gräten, um eine saure Gurke gewickelt, in Essig-Salzwasser eingelegt

Salzhering

ohne Kopf, ausgenommen, an Bord gesalzen

Schalotte

kleine bis mittelgroße Zwiebel mit violettem Fleisch, mild im Geschmack

Spicken

durch den Fisch mit einer Spicknadel Speckstreifen ziehen

Sud

aus Salzwasser, Wein- oder Essigzusatz, Kräutern und Gewürzen zum Kochen von Fisch

Weißweinsauce

Fischfond eingekocht, mit Weißwein und weißer Fisch-Grundsauce aufgefüllt, durchgekocht; mit Eigelb und Sahne gebunden und mit Cayenne-Pfeffer und Zitronensaft gewürzt; zuletzt ein Stück Butter darunterziehen

Soßen, Suppen, Butterbeigaben

Fischfond

Sie benötigen dazu Fischreste wie Kopf, Flossen, Schwanz und Gräten, die beim Putzen und Entgräten des rohen Fisches anfallen. Reicht die Menge nicht aus, dann lassen Sie sich noch etwas von Ihrem Fischhändler geben. Alles kleinhacken und in einen Topf geben. Dazu Suppenkraut (Möhren, Sellerie, Würzkraut, Petersilienwurzel und Porree) kleingeschnitten, eine kleine zerdrückte Knoblauchzehe, eine geschälte zerkleinerte Zwiebel, 1 Prise getrockneter Thymian. Etwas pfeffern und Wasser dazugießen, bis alles bedeckt ist. Bei leichter Hitze etwa 30 Min. im offenen Topf einkochen, 1 Glas trockenen Weißwein zufügen (falls die Soße hell sein soll, sonst Rotwein), noch einmal aufkochen. Alles durch ein Küchentuch streichen und als Grundlage für beliebige Soßen verwenden.
Trennen Sie bitte die Begriffe »Fischfond« und »Court-Bouillon«. Der »Fond« dient hauptsächlich der Zubereitung ausgezeichneter Soßen, währen die »Court-Bouillon« zum Garen gebraucht wird.

Ich halte die Verwendung von *Fertigprodukten* für die feine Küche nicht für eine kulinarische Sünde. – Der Gebrauch fertiger *Mayonnaise* u. ä. erspart viel Zeit, und der Geschmack ist ausgezeichnet. Sie hat einen Fettgehalt von mindestens 80% und einen Eigelbanteil von mindestens 7,5%. Füllstoffe sind nicht erlaubt. Sie schmeckt hervorragend zu Hummer und allen Krustentieren, auch zu Fischsalat. Außerdem ist sie Bestandteil vieler kalter Soßen.
Remoulade ist eine Mayonnaise, der Kräuter (Petersilie, Schnittlauch, Dill, Estragon) zugesetzt wurden.

Crème fraîche ist eine frische Sahne, die durch natürliche Reifung eingedickt ist und leicht säuerlich schmeckt. In Frankreich schon lange beliebt, erobert sie jetzt unsere Küche. – Der Fettgehalt liegt je nach Sorte zwischen 30 und 40%; sie eignet sich sehr gut zum Binden von Soßen, da sie beim Erhitzen nicht flockt, genausogut kann sie aber auch »pur« verwendet werden.
Falls zu einem Fischgericht ein bestimmtes Kraut paßt, dann hacken Sie dieses fein und geben es unter die Soße: zu Aal z. B. Dill; zu Forellen z. B. Zwiebel und Petersilie; zu Fisch »spanisch« z. B. Knoblauch und Paprikaschote.

Zitronensoße I

150 g Butter, Saft einer halben Zitrone, 1 Bd. Petersilie, Cayenne-Pfeffer (vorsichtig: sehr scharf), 1 Pr. Salz, 1 Pr. Zucker

Die Butter schaumig schlagen, Zitronensaft und fein gehackte Petersilie darunterrühren. Von der halben, unbehandelten Zitrone kleine Stücke der Schale abschneiden und ganz klein würfeln; dazufügen. Mit Cayenne-Pfeffer, Salz und Zucker pikant würzen.

Zitronensoße II

80 g Butter, 5 Eigelb (große Eier), etwas abgeriebene Schale einer unbehandelten Zitrone, 6 EL Zitronensaft, 2 EL Weißwein, Pfeffer, Salz, Kresse

Die Butter in einer Schüssel flüssig werden lassen. Zutaten in einen Topf geben, der im Wasserbad steht; gut verrühren und abschmecken. Bei milder Hitze mit dem Handmixer schlagen, bis alles cremig und hell ist. Nun die warme Butter tropfenweise darunterrühren – nicht mehr schlagen –, und Kresse von einem kleinen Beet abschneiden, darunterheben. Aus dem Bad nehmen.

Käsesoße

2 EL Butter, 1½ EL Mehl, ½ l Milch, 2 Ecken Rahm-Schmelzkäse, Salz, Pfeffer, Muskatnuß, 1 Eigelb

Die Butter in einem Topf erhitzen, das Mehl hineingeben und hellgelb anschwitzen. Mit der heißen Milch nach und nach ablöschen, unter ständigem Rühren. Bei schwacher Hitze 10 Min. kochen lassen, immer rühren, sonst brennt die Soße an. Den Schmelzkäse in grobe Stücke geschnitten hineingeben und rühren, bis er sich aufgelöst hat. Mit den Gewürzen abschmecken, mit dem Eigelb legieren, aber nicht mehr kochen.

Sekt-Butter-Soße

200g Butter, Fischsaft (z.B. aus der Folie, wenn Sie Folienfisch gebacken haben), Salz, Pfeffer, einige Spritzer Sekt, 1 TL Speisestärke, 3 Eigelb, Dill, Schnittlauch

Die Butter in einem schmalen hohen Topf weich werden lassen. Den Fischfond zufügen, höchstens ⅛ l, mit Salz und Pfeffer würzen. Einige Spritzer Sekt hineingeben und mit einem Handmixer aufklopfen. Die Eigelb mit der Speisestärke verrühren und in die nun flüssige Butter einrühren. Dill und Schnittlauch (Menge nach Geschmack) fein hacken und unterziehen.

Wein-Sahne-Soße

60g Butter, 250g geschälte kl. Zwiebeln, ¼ l Weißwein, ¼ l Sahne, 2 Eigelb, Salz, Pfeffer, 2 EL Weinbrand

Die Butter erhitzen und die gewürfelten kleinen Zwiebeln darin andünsten. Den Wein angießen – die Zwiebelwürfel darin garen. Dann die Sahne hineinrühren. Die Eigelb mit etwas Wasser verrühren, die Soße damit legieren – nun nicht mehr kochen lassen. Mit Salz und Pfeffer würzen und mit dem Weinbrand abschmecken.

Ravigotesoße

½ T. feingehackte Kerbelblätter, ½ T. Wasser, 3 Eigelb, 1 TL Senf, 2 El Zitronensaft, 6 EL Apfel-Cidre, 6 EL Olivenöl, Salz, Pfeffer, 2 EL Kapern, 3 EL feingehackte Petersilie, 3 feingehackte Sardellenfilets

Kerbelblätter mit ½ Tasse kochendem Wasser überbrühen, 60 Min. ziehen lassen. – Durch ein Sieb in eine Schüssel gießen. Die Eigelb hineinrühren, ebenso Senf, Zitronensaft, Apfel-Cidre und Olivenöl. Mit Salz und Pfeffer würzen, Kapern, Petersilie und Sardellenfilets hineinrühren. Noch einmal abschmecken.

Arme Beamten-Soße

250 g durchwachsener geräucherter Speck, 3 geschälte große Zwiebeln, 3 EL Mehl, gut ¼ l kochendes Wasser, Salz, Pfeffer, ½ TL Glutamat-Würze

Den Speck fein würfeln, in einer Pfanne auslassen. Die feingehackten Zwiebeln dazugeben und anrösten, das Mehl anschwitzen. Dann mit kochendem Wasser unter ständigem Rühren auffüllen. Mit den Gewürzen abschmecken und noch einmal gut durchrühren.

Für ihre beamteten Inspektoren, die ihre Güter verwalteten, erfand die Freifrau von Herzinghausen diese Soße für die Tage vor dem Monatsende, wenn das Geld knapp wurde. Die Soße ging als »Inspektorenstippe« zu Matjeshering und Pellkartoffeln in die kulinarische Geschichte ein. Sie schmeckt auch uns heute noch – und nicht nur am Monatsende!

Knoblauchsoße

1 EL Weinessig, 1 EL Paniermehl, 6 geschälte Knoblauchzehen, 3 Eigelb, Salz, Pfeffer, 1½ T. Olivenöl, Zitronensaft

In Essig das Paniermehl einweichen, nach etwa 5 Min. in einem Tuch auspressen (verwendet wird das Paniermehl). Das Paniermehl und die kleingehackten, in einer Schüssel noch zusätzlich mit dem Löffel zerdrückten Knoblauchzehen mischen. Nun nacheinander die Eigelb mit dem Schneebesen darunterschlagen. Mit Salz und Pfeffer würzen. Dann das Olivenöl zuerst tropfenweise, schließlich eßlöffelweise darunterrühren. – Diese Soße paßt besonders gut zu Kochfisch.

Mintsoße

⅛ l Rotweinessig, ⅛ l Wasser, 1 EL Zucker, 4 EL feingehackte Minze, Salz

Essig und Wasser mit dem Zucker etwa 5 Min. kochen. Dann 3 EL Minze dazugeben, zugedeckt abkühlen lassen. Die kalte Soße durch ein Sieb in eine Schüssel gießen und 1 EL feingehackte Minze darunterrühren, schließlich vorsichtig mit Salz abschmecken.

Feine Fischsoße

1 gehäufter EL Butter, 1 gehäufter EL Mehl, ¼ l Brühe (Würfel), Pfeffer, 4 EL gehackte Petersilie, 6 EL süße Sahne

Butter in einem Topf erhitzen, das Mehl anschwitzen – nur hellgelb werden lassen. Mit der Brühe langsam ablöschen und mit frischgemahlenem, weißem Pfeffer würzen. Die Soße etwa 5 Min. kochen. Vom Feuer nehmen, die gehackte Petersilie und die Sahne darunterrühren. Sofort zu Tisch geben.

Diese Soße macht aus dem fadesten Fisch noch eine Delikatesse:

Princetown-Soße

¼ l saure Sahne, 1 säuerlicher geschälter entkernter Apfel, 3 TL Meerrettich, etwas Salz, Pfeffer, einige Tropfen Zitronensaft, 1 Pr. Zucker

Den Apfel auf einer Glasreibe reiben, in den sauren Rahm rühren und mit 3 TL geriebenem Meerrettich gut vermischen. Mit wenig Salz, frischgemahlenem, weißem Pfeffer, einigen Tropfen Zitronensaft und 1 Pr. Zucker würzigpikant abschmecken.

Das Grundrezept für

Béchamel-Soße

mit Abwandlungen.
Nehmen Sie dazu eine Fertigsoße »Helle Soße«, die allgemein sehr zu empfehlen sind und immer gelingen.

½ l Milch, 2 P. »Helle Soße«, Muskat, 1 geschälte feingewürfelte Zwiebel

Die Soße nach Vorschrift auf der Packung zubereiten, aufkochen und mit Muskat würzen, 1 feingewürfelte Zwiebel mitkochen lassen.

Diese Grundsoße ergibt:

mit *Senfpulver* und etwas *Curry* eine *Senfsoße*

mit *Curry* und etwas *Senf* eine *Curry-Soße*

mit *Weißwein* und *gedünsteten Zwiebelringen* eine *Zwiebelsoße*

mit *Kapern* ergibt sie eine *Kapernsoße*

mit 100 g *Krabbenfleisch* und feingehacktem *Dill*, einigen Tropfen *Zitronensaft* eine *Krabbensoße*

mit 250 g *Champignonscheibchen* – die in ganz wenig Wasser und Butter gedünstet wurden – eine *Champignonsoße*

Nehmen Sie anstelle der Milch *Fischbrühe* und geben kleingeschnittenes gedünstetes *Suppengrün* und feingehackten *Dill* dazu, dann erhalten Sie eine *Spreewälder-Soße.*

Schnittlauch-Radieschen-Soße

2 EL Mayonnaise, 1 Becher Joghurt, 2 EL süße Sahne, 1 Bd. Radieschen, 1 Bd. Schnittlauch, Salz, Pfeffer, Muskat, ganz wenig Edelsüß-Paprika

Mayonnaise, Joghurt und Sahne verrühren. Radieschen putzen, waschen, trocknen und dann fein hacken. Schnittlauch waschen und auf Küchenkrepp trocknen, in feine Röllchen schneiden. Alles in die Soße geben. Mit Salz, frisch gemahlenem Pfeffer, geriebener Muskatnuß und etwas Paprika würzen und gut verrühren.

Oxford-Soße

½ EL mittelscharfer Senf, 2 EL Weinessig, 6 EL Olivenöl, 1 EL gehackte Kapern, 1 gehacktes Sardellenfilet, 1 TL feingehackte

Petersilie, 1 EL feingehackter Dill, etwas Estragon, 5 hartgekochte geschälte Eier

Die Zutaten in den Mixer geben und cremig schlagen. Die Eier hacken, 1 EL voll davon nehmen und das übrige im Mixer unter die vorhandene Masse schlagen. In eine Soßenschüssel füllen und mit 1 EL gehacktem Ei bestreuen.

Thunfischsoße

2 EL Butter, 1 Dose Thunfisch (ca. 200 g), 3 geschälte Zwiebeln, 2 Sardellenfilets, 1 EL Kapern, 1 Msp. Knoblauchsalz, 12 EL Mayonnaise, 6 EL Weißwein

Die Butter in einem Topf erhitzen, den abgetropften Thunfisch zerpflückt, die Zwiebeln gewürfelt, Sardellen und Kapern gehackt in die Butter geben und so lange dünsten, bis die Zwiebeln gelb sind. Mit dem Knoblauchsalz würzen und dann die Masse zweimal durch die feine Scheibe des Fleischwolfs drehen. Diese fein zerkleinerte, abgekühlte Masse mit der Mayonnaise verrühren und mit nur so viel Weißwein würzen, daß die Soße noch sämig bleibt.

Nußsoße

125 g Mayonnaise, ½ l geschlagene süße Sahne, 1 Apfelsine, 4 EL Weinbrand, 75 g feingehackte Walnußkerne, Salz, Zucker

Die Mayonnaise mit der steifgeschlagenen Sahne, dem Saft der Apfelsine und dem Weinbrand verrühren. Die feingehackten Walnüsse darunterheben, mit Salz und Zucker abschmecken.
Die gekühlte Soße schmeckt ausgezeichnet zu gegrilltem Fisch.

Honigsoße

⅛ l Fleischbrühe (vom Würfel), 4 EL flüssiger Honig, 2 EL Tomatenmark, 2 EL Apfelsinensaft, 1 TL Meerrettich, Salz, Pfeffer, Paprika

Den Honig und das Tomatenmark in die heiße Brühe einrühren. Mit Apfelsinensaft, Meerrettich, Salz, Pfeffer und Paprika abschmecken.
Diese Soße schmeckt heiß sehr gut ebenfalls zu gegrilltem Fisch.

Sardellensoße

1 geschälte Zwiebel, 1 EL Olivenöl, ¼ l Wasser, 1 P. »Delikateß-Bratensoße« (Fertigprodukt), 3 gewässerte Sardellen

Die Zwiebeln fein hacken, in dem heißen Öl braten, bis sie dunkel-gelb ist. Das Wasser angießen und die Fertigsoße nach Vorschrift darin zubereiten. Die Sardellen fein hakken und in die Soße geben.
Schmeckt gut zu allen Fischgerichten, besonders zu Klopsen.

Eiersoße

4 hartgekochte geschälte Eier, 5 EL Olivenöl, 3 EL Weinessig, Salz, Pfeffer, Schnittlauch, feingeschnitten

Die Eier werden fein gehackt und mit dem Öl und dem Weinessig gut verrührt. Mit Salz und Pfeffer würzen, dann die Schnittlauchröllchen darunterziehen.
Diese Soße schmeckt besonders gut zu Fischfilet, gedünstet oder gebraten.

Sächsische Fischsoße

3 EL Butter, 2 geschälte Zwiebeln, 3 EL Mehl, ½ l Fleischbrühe (Würfel), ½ Glas Weißwein, 1 Zitrone, Senf, Essig, Zucker, Butter

Lassen Sie 3 EL Butter in einem Topf heiß werden, die Zwiebeln fein gehackt andünsten. Das Mehl dazurühren und hellgelb anschwitzen, mit der heißen Fleischbrühe ablöschen. Ein halbes Glas Wein dazugeben, ebenso die fein und ganz dünn geschnittenen Scheiben einer unbehandelten Zitrone. Rühren Sie dann reichlich süßen Senf darunter und schmecken mit Essig und Zucker pikant ab. Zum Schluß ein großes Stück Butter in die heiße Soße rühren.

Fischsuppen

Bouillabaisse ist wohl in der ganzen Welt bekannt. In der Provence wird Bouillabaisse schnell zubereitet und schnell auf den Tisch gebracht. Das Fischfleisch soll – wie der Italiener sagt – *al dente,* also noch beißfest sein. Daraus ergibt sich auch der Hinweis, daß die Bouillabaisse richtigerweise ein Eintopf ist, bei dem Fisch und Brühe getrennt gekocht werden. Wo Sie immer Bouillabaisse essen – sie wird überall verschieden zubereitet –, und jeder Koch hält seine für die einzig richtige. Die Hauptsache ist, daß sie schmeckt und schließlich steckt in jeder Fischsuppe ein wenig Bouillabaisse.

Bouillabaisse marseillaise

1000 g Seefische (groß und klein, verschiedene Sorten), 2 T. Olivenöl, 3 geschälte Zwiebeln, 3 geschälte Knoblauchzehen, 2 Pfefferschoten, ½ geputzte Sellerieknolle, 1 geputzte Fenchel-

knolle, 2 geschälte Tomaten, Salz, 1 Msp. Safran, Thymian, ½ T. Weißwein

Die Fische waschen, putzen, entgräten, Kopf und Flossen abschneiden. – Aus Gräten, Kopf und anderen Abfällen (z. B. auch Haut) mit Wasser eine Fischbrühe kochen und später zum Auffüllen verwenden. – In einem großen Topf das Olivenöl erhitzen und darin die in Scheiben geschnittenen Zwiebeln, Knoblauchzehen und Tomaten sowie die in Streifen geschnittene Sellerie- und Fenchelknolle andünsten, die Pfefferschoten und die Fischstücke dazugeben. Dabei darauf achten, daß auch die Fische angebraten werden. Salzen, mit Safran und Thymian würzen. Wasser aufgießen, bis es etwas über Gemüse und Fisch steht. In 15 Min. fertigkochen, die Fischbrühe und den Wein dazugeben, einmal aufkochen. – Die Fische herausnehmen; die Brühe noch einmal abschrecken, evtl. nachwürzen, getrennt servieren.
Dazu: Stangenweißbrot mit Knoblauchbutter.

Norddeutsche Fischsuppe

2 Möhren, 2 Zwiebeln, 2 Kartoffeln, 1 Sellerieknolle, 1 Bd. Petersilie, Salz, 5 Pfefferkörner, etwas Koriander, 1 Lorbeerblatt. 600 bis 800 g Fischabfälle (Gräten, Köpfe), 1½ l Wasser, 2 Möhren, 1 gr. Stange Lauch, 500 g Fischfilet – ohne Gräten (am besten 3 verschiedene Sorten), 2 Eigelb, Salz, Pfeffer, 1 kl. Becher Crème fraîche, 1 Bd. Petersilie

Möhren, Zwiebeln, Kartoffeln, Sellerie schälen und zerkleinern und mit Petersilie, Salz, Pfefferkörnern, Koriander, Lorbeerblatt zusammen mit den Fischabfällen in 1½ l Wasser zu einer kräftigen Brühe kochen (45 Min.). Alles durch ein feines Sieb in einen Topf geben und gut ausdrücken. Möhren und Lauch putzen, in feine Streifen schneiden und mit dem gesäuberten Fisch in die Brühe geben, aufkochen und 10 Min. ziehen lassen. – Den Fisch herausnehmen und in kleine Stücke teilen. Nun die Suppe mit Salz und Pfeffer pikant abschmecken und mit dem Eigelb legieren. – Die Suppe in die Teller füllen, die Fischstücke verteilen und in jeden Teller einen EL Crème fraîche geben – mit feingehackter Petersilie bestreuen.

Zu den Abbildungen:

Seite 65: Seelachs-Doppeldecker (Rezept Seite 154)
Seite 66: Seehechtsteak mit Champignonsoße (Rezept Seite 100)
Seite 67: Gedünsteter Seelachs »Bali« (Rezept Seite 109)
Seite 68: Gratiniertes Dorschfilet mit Paprika (Rezept Seite 164)

Fischbrühe – ganz einfach

1000 g Fischabfälle, 2 l Wasser, 2 Bd. Suppenkraut, Salz, 250 g Fischfilet, 2 Eigelb, Paniermehl, 2 Eiweiß, Salz, etwas Fett zum Ausfetten, 2 Eier, Salz, Pfeffer, 1 Bd. Petersilie

Die Fischabfälle (Gräten, Haut, Bauchlappen) in 2 l Wasser geben. Das Suppenkraut (Möhren, Sellerie, Petersilienwurzel, Suppengrün) putzen, kleinschneiden und in ein Mullsäckchen binden, ebenfalls in den Topf geben. Alles gut auskochen. – Die Brühe durch ein feines Sieb abgießen, das gekochte Suppenkraut dem Beutel entnehmen und hineinlegen, etwas salzen. Erneut erhitzen und 250 g grätenloses Fischfilet darin gar ziehen lassen, herausnehmen, mit einer Gabel fein zerdrücken. Eigelb unter das Fischmus ziehen, mit Paniermehl festigen, etwas salzen und das steifgeschlagene Eiweiß darunterziehen. Von der Masse Klößchen abstechen und in der heißen Brühe etwas ziehen lassen. – 2 Eier gut verschlagen, würzen, 1 EL feingehackte Petersilie unterrühren. Eine (oder zwei) Tassen ausfetten und die Eimasse im Wasserbad stocken lassen. In Würfel schneiden und in die Brühe geben. – Mit gehackter Petersilie bestreut servieren.

Sylter Fischsuppe

mit Variationen

1. Sud: 500 g Kasslerknochen, 2 l Wasser, 1 Bd. Suppengrün, ½ unbehandelte Zitronenschale, 1 Sellerieknolle, 100 g Möhren, 1 Stange Porree

2. Sud: Abfall von Seefischen, 2 geschälte Zwiebeln, ½ Lorbeerblatt, Petersilienwurzel, 10 weiße Pfefferkörner, 100 g Butter, 40 g Mehl, 1 l vom 1. Sud

Einlage 1: Fleisch vom Kasslerknochen

Einlage 2: 1000 g Miesmuscheln, 2 geschälte Zwiebeln, ½ Tasse Weißwein

Einlage 3: Champignons aus 1 Dose, 750 g Stücke von verschiedenen Seefischen

Gewürze für die Suppe: Salz, Muskat, Majoran, gehackte Petersilie, evtl. 2 Eigelb, Sahne zum Binden

Die Kasslerknochen mit dem Wasser zum Kochen bringen, mit dem geputzten und kleingeschnittenen Suppengrün und mit der Zitronen-Spirale etwa 30 Min. kochen lassen. Die Brühe durch ein Sieb in eine Schüssel gießen – die Brühe wieder in den Topf füllen. – Sellerie, Möhren und Porree putzen, in Streifen, Scheiben und Ringe schneiden – sanft in der Brühe garen lassen.
Abfall von den gewaschenen Seefischen (siehe »Einlage 3«) mit den grobgewürfelten Zwiebeln, Lorbeerblatt, Petersilienwurzel und Pfefferkörnern in 100 g Butter anrösten, das Mehl anschwitzen und mit 1 l vom 1. Sud ablöschen, 15 Min. kochen lassen. Die Brühe durch ein Sieb zum 1. Sud gießen – gut verrühren.
Inzwischen 1000 g gesäuberte Miesmuscheln in reichlich siedendem Salzwasser mit geschnittenen Zwiebeln und dem Wein im verschlossenen Topf etwa 5 Min. garen. Das Muschelfleisch den Schalen entnehmen.
Champignons aus der Dose abtropfen lassen, zusammen mit den mundgerecht gewürfelten Fischstücken dazugeben und in der Suppe noch 15 Min. ziehen lassen, dabei noch das Fleisch vom Kasslerknochen und das Muschelfleisch hinzufügen. Mit den Gewürzen pikant abschmekken. – Falls die Suppe sämiger gewünscht wird, die Flüssigkeit mit den in der Sahne verrührten Eigelb binden – Suppe nicht mehr kochen. – Mit gehackter Petersilie bestreuen.
Mit geröstetem Weißbrot servieren.

1. Variante:

Büsumer Fischsuppe

1 Kalbsknochen mit Mark, 300 g Nordsee-Krabbenfleisch, 800 g Rotbarsch, 1 Bd. Dill

Im 1. Sud nehmen Sie anstelle des Kasslerknochens einen kräftigen Kalbsknochen. Im 2. Sud lassen Sie die Butter und das Mehl weg und rösten nicht an, sondern kochen nur. Einlage 1: nehmen Sie das Fleisch und das Mark vom Kalbsknochen. Einlage 2: allein das Krabbenfleisch hineingeben. Als Fischeinlage nehmen Sie ein 800 g schweres Stück Rotbarsch. Gewürze: Majoran weglassen, aber mit Eigelb und Sahne legieren. Mit gehacktem Dill bestreuen. Dazu: Schwarzbrot mit Butter.

2. Variante:

Friesische Fischsuppe

1½ l Fleischbrühe (Würfel), 400 g Kabeljaufilet, 300 g Rotbarschfilet, 3 geschälte Tomaten, Edelsüß-Paprika, 1 P. Safran

Für den 1. Sud nehmen Sie Würfel für 1½ l Fleischbrühe und lassen den Fleischknochen weg. – Den 2. Sud lassen Sie weg. Die Einlage 1 fällt fort. Als Einlage 3 verwenden Sie (anstelle der 750 g Seefische) 400 g Kabeljau- und 300 g Rotbarschfilet, in Stücke geschnitten, und in Scheiben geschnittene geschälte Tomaten. Bei den Gewürzen ersetzen Sie Muskat durch Edelsüß-Paprika und Majoran durch 1 Päckchen Safran.

Dicke Fischsuppe

1 Bd. Suppengemüse, Salz, 1 Lorbeerblatt, einige Gewürzkörner, 500 g geschälte Kartoffeln, 1 l Wasser, 375 g Schellfischfilet, 125 g Thunfisch, 50 g Butter, 100 g Mehl, ½ l Magermilch, Salz, Pfeffer, 2 EL gehackte Petersilie

Das Suppengemüse waschen, putzen und kleinschneiden, mit Salz, Lorbeerblatt, Gewürzkörnern und den in Scheiben geschnittenen Kartoffeln in 1 l Wasser aufsetzen. Aufkochen, dann Hitze zurückschalten und nach 10 Min. den in Stücke geschnittenen Fisch hineinlegen. Noch 15 Min. ziehen lassen. – Aus dem Fett und dem Mehl eine Schwitze erstellen, mit dem Fischsud und der Milch auffüllen und 15 Min. durchkochen lassen. Mit Salz und Pfeffer abschmecken, die Fischwürfel, die Kartoffeln und die Petersilie dazugeben.
Dazu: Weißbrotscheiben mit Knoblauchsalz und Butter bestreichen und im Ofen hellbraun rösten.

Ganz schnelle Fischsuppe

1 Beutel Langustensuppe (weniger Wasser als angegeben nehmen), 150 ccm flüssige Sahne, 300 g Rotbarschfilet, ½ Zitrone, 150 g Erbsen – tiefgekühlt, 1 Dose Muscheln (natur – 200 g), 125 g Nordsee-Krabbenfleisch, 4 EL Cognac, Salz, Pfeffer, 1 EL gehackter Dill, evtl. geschlagene Sahne

Wasser und Sahne in einem genügend großen Topf zum Kochen bringen. Das Langustenpulver einrühren und einmal aufkochen lassen. Fisch waschen, mit Küchenkrepp abtrocknen, mit Zitronensaft beträufeln, etwas einziehen lassen, dann würfeln. Zusammen mit den Tiefkühl-Erbsen in die Suppe geben und 15 Min. ziehen lassen. Das Krabbenfleisch und die abgetropften Muscheln dazugeben. 4 EL Cognac darunterrühren, mit Salz und Pfeffer würzen und mit gehacktem Dill bestreuen. Sie können noch einen Pfiff hineinbringen, wenn Sie in jeden Teller einen EL halb geschlagene Sahne geben, auf die Sie noch 1 TL Kaviar setzen.

Nun folgen Anhaltspunkte für würzige Buttermischungen, die Sie sowohl in kleiner Menge dem Kochwasser beifügen können (z. B. ganz vorzüglich besonders bei Schellfisch oder Kabeljau), als auch anstelle einer Soße mitservieren können. Sie dürfen sicher sein, daß eine Würzbutter dem Fischgericht eine besondere Note gibt.

Kräuterbutter

200 g Butter, 30 g Schnittlauch, 30 g Melisse, 30 g Estragon, 30 g Pimpinelle, 30 g Schalotten, 30 g Petersilie, 20 g Minze

Die Kräuter sehr fein hacken, die Schalotten fein würfeln und alles mit der schaumiggerührten Butter gut vermischen. Mit Folie zu einer Rolle formen, im Kühlschrank hart werden lassen und in Scheiben geschnitten zum Fisch servieren.

Wie für diese Kräuterbutter müssen Sie auch für alle anderen Mischungen die Butter zuerst gut schaumig rühren; das machen Sie wie folgt: Die Butter in Stückchen in eine erwärmte Schüssel geben, dann darin mit einem Handmixer schaumig rühren, ein wenig dabei salzen. Schließlich die Geschmackszutaten dazumischen.
Tip: Rühren Sie nicht zu wenig Butter an. In Alufolie zu einer Rolle eingewickelt, hält sie sich im Kühlschrank noch wochenlang und gibt – bei Bedarf – vielen Speisen den berühmten »Pfiff«.

Sardellenbutter

200g Butter, 70g Sardellenfilets, 1 EL Schalotten, 1 EL Zitronensaft, 1 Pr. weißer Pfeffer

Sardellenfilets ganz klein würfeln, ebenso die geschälten Schalotten; alles unter die Butter schlagen.

Currybutter

200g Butter, 1 Pr. Salz, 2 EL Curryketchup, 1 Pr. weißer Pfeffer, 1 TL Zitronensaft

Alle Zutaten unter die Butter schlagen.

Knoblauchbutter

200g Butter, 1 Pr. Salz, 3 geschälte Knoblauchzehen auspressen, 1 Bd. Petersilie auspressen, 1 EL Zitronensaft

Alles unter die Butter schlagen (von der Petersilie auch nur den grünen Saft verwenden).

Zitronenbutter

200g Butter, 1 Pr. Salz, gehackte Petersilie, 1 Pr. weißer Pfeffer, 2 EL Zitronensaft, etwas ganz fein gehackte Zitronenschale

Alles unter die Butter schlagen.

Tomaten-Sherry-Butter

200g Butter, 1 Pr. Salz, 2 entkernte und abgezogene Tomaten, kleingewürfelt, 2 EL Tomatenketchup, 1 EL feingehackter Dill, 1 Pr. Pfeffer, 3 EL Sherry

Alle Zutaten unter die Butter schlagen.

Kapernbutter

200g Butter, 1 gr. Zwiebel geschält und feingewürfelt, 1TL Zitronensaft, 1 gr. oder 2 kl. Gläser Kapern

Die Zutaten mit einer Gabel unter die Butter heben.

Senfbutter

200g Butter, 1Pr. Salz, 3EL süßer Senf, feingehackte Petersilie, 1 kl. Schalotte, feingehackt, 1EL Weinbrand

Alles unter die Butter schlagen.

Kaviarbutter

200g Butter, 1EL Zitronensaft, 70g deutscher Kaviar

Zitronensaft unter die Butter schlagen, dann den Kaviar vorsichtig mit einer Gabel unterheben.

Krabbenbutter

200g Butter, 1Pr. Salz, 200g Krabbenfleisch, kleingeschnitten, 1Pr. weißer Pfeffer, 1TL Zitronensaft, feingehackter Dill

Alles unter die Butter schlagen.

Crème fraîche

Aus Frankreich kommt diese frische Sahne, die durch natürliche Reifung leicht gesäuert und eingedickt ist. Sie eignet sich hervorragend zum Binden von Soßen, für Fischsalate zum Beispiel oder zum Binden von Suppen und Gemüse.
Versuchen Sie einmal folgendes: Auf gekochtes oder gebratenes Fischfilet Crème fraîche aufstreichen und mit verschiedenen, gehackten frischen Kräutern bestreuen!

Garen in mancherlei Form

»Einem Mann gefällt es im allgemeinen besser, wenn er eine schmackhafte Mahlzeit auf dem Tisch hat, als wenn seine Frau Griechisch kann.«

(Samuel Johnson)

Es steht fest, daß Fisch niemals gekocht werden darf. Man sagt zwar »Koch«fisch – und ich gebrauche das Wort ebenfalls, aber falls Sie einen Fisch »kochen« wollen, dann bitte ganz wenig Wasser, denn Wassser macht den Fisch fade. Dies ist eine Tatsache, die man früher widerspruchslos hinnahm, weil man nichts Besseres wußte, als den Kochfisch auch richtig zu kochen. – Sie lassen ihn heute bei ganz milder Hitze *garen* und geben dem Wasser etwas Essig und Weißwein zu. Es gibt eigentlich nur noch wenig Gerichte und Fische, die man noch in reinem Wasser gart; man bevorzugt das Garen im Sud (das »Ziehen lassen«), das Dämpfen, das Dünsten, das Schmoren und das Garen in der Folie.

Der Fisch braucht nur wenig Zeit; wenn Sie prüfen wollen, ob er gar ist, dann brauchen Sie nur leicht an der Rückenflosse zu zupfen – nicht herausziehen.

Die Kochzeiten sind kurz – Fische, groß wie Forellen, sind in 10 bis 13 Min. gar, bei größeren müssen Sie mit bis 30 Min. rechnen.

Es könnte sein, daß Sie aus Versehen den Fisch zu lange »gekocht« haben und er zerfallen ist. Dann gilt es zu retten, was zu retten ist. Schnell eine hübsche Form gut einfetten, die entgräteten Fischstücke mit dem Schnee von einem Ei vorsichtig vermischen und in die Form geben. Im vorgeheizten Backofen kurz überbacken. Diesen »Pastetenauflauf« auf eine Platte stürzen, mit einer pikanten Fertigsauce übergießen; mit Kapern und Zitronenscheiben garniert servieren.

Wenn Sie es mögen: Den letzten Pfiff bekommen Ihre Fischgerichte, wenn Sie den Topf vorher mit einer geschälten Knoblauchzehe ausreiben.

Sie können den Fisch im Wasser ziehen lassen, dem Sie Geschmackzutaten beigefügt haben; also garen und würzen zur gleichen Zeit mit mehreren Möglichkeiten

1. *Salzwasser-Sud:* 1 TL Salz auf 1 l Wasser, dazu 1 EL Essig – keine Vorkochzeit; der zarte Geschmack von Süßwasserfischen kommt in diesem Sud am besten zur Geltung.
2. *Würz-Sud:* Salzwasser-Sud mit einer gewürfelten Möhre, einem in Scheiben geschnittenen Stück Sellerie, einer geschälten Zwiebel, in Scheiben geschnitten, einigen Ringen Lauch, einem Zweig Petersilie, 3 Pimentkörnern.

Spezielle *Abwandlungen* sind:

- zusätzlich ein Lorbeerblatt und drei weiße Pfefferkörner,
- zusätzlich hierzu noch 1 EL Tomatenmark und etwas getrockneten Thymian,
- hierzu noch etwas Kräuterbutter.

3. *Wein-Sud:* Würzsud wie Nr. 2 mit Weißwein nach Geschmack. Diesen Sud kocht man etwa 20 Min., legt den Fisch hinein (Fisch soll bedeckt sein) und läßt ihn auf abgeschalteter Platte – oder kleinster Flamme – 15 bis 20 Min. gar ziehen. Der Sud ist ideal für kräftigen Seefisch.
   Erfindungsreiche Feinschmecker haben natürlich ihren besonderen Sud.
4. *Milch-Sud:* Zubereitet entweder aus Salzwasser mit Milch – Verhältnis von Wasser zu Milch nach Ge-

schmack – oder Wasser, Milch und Gewürzen wie etwa Nr. 2, ohne Salz, aber mit Butter.

5. *Court-Bouillon:* Zu ½ l Wasser und ½ l Wein gibt man: 1 EL Salz, 1 gewürfelte Möhre, ¼ Knolle gewürfelte Sellerie, 1 in Scheiben geschnittene große Zwiebel, 1 TL Tomatenmark, etwas Porree in Scheibchen, 1 Lorbeerblatt, 1 Pr. Thymian, 1 Zweig Petersilie, 3 weiße Pfefferkörner – bitte ½ Stunde kochen lassen, ohne zuzudekken.

Übrigens, für den Fisch-Sud gibt es jetzt beim Fischhändler kleine Aufgußbeutel zu kaufen, die Sie nur noch mit 1 l Salzwasser aufkochen müssen, dabei ist eine Zugabe von Essig und Gewürzen nicht mehr nötig.

Beginnen wir mit:

»Koch«fisch – ganz einfach

1500 g Fisch im Stück, Würzsud Nr. 2a, 2 P. »Helle Soße« (½ l), 2 EL geriebener Meerettich (aus der Tube)

Den Würz-Sud in einem nicht zu weiten Topf zum Kochen bringen. – Den vorbereiteten Fisch hineinlegen, sofort Hitze zurückschalten und auf der Platten-Restwärme oder auf ganz kleiner Gasflamme in etwa 20 Min. gar ziehen lassen. – Den Fisch herausnehmen, warm stellen und mit ½ l Sud die »Helle Soße« zubereiten; mit Meerrettich verrühren und servieren.

Schollenfilets in Kräutersoße

750 g Schollenfilets, Würzsud Nr. 2, 6 EL Weißwein, 1 TL Essig, ½ l vom Sud, 4 Eigelb, evtl. 2 TL Stärke, Zucker, 100 g Butter, 5 EL feingehackter Dill und Petersilie

Die Schollenfilets halbieren und vorbereiten. – Den Würz-Sud Nr. 2 etwa 5 Min. kochen, die Filets hineinlegen, die Hitze sofort zurückschalten, in etwa 5 Min. gar ziehen lassen. Herausnehmen und auf einer vorgewärmten Platte warm stellen. – Mit 6 EL Weißwein und dem Essig die Eigelb in einem Wasserbad anrühren. Abgekühlte Flüssigkeit (ohne Gewürzstücke) vom Sud dazugeben und so lange schaumig schlagen, bis eine cremige Soße entsteht. 2 TL Stärke einstreuen. Mit dem Zucker würzen, 100 g Butter schmelzen und tropfenweise darunterschlagen. 5 EL feingehackte Kräuter dazugeben. Die Filets in der Soße noch erwärmen und sofort servieren.

Lachs mit Weinsoße

4 Lachskoteletts, ½ l Weißwein, ½ l Wasser, Fischgewürz (Fertigmischung), 1 TL Salz, Kresse, 2 Becher Crème fraîche, Zucker, Zitronensaft, Butter, Dill

Lachskoteletts vorbereiten. In Weißwein und Wasser das Fischgewürz und 1 TL Salz geben und den Sud kochen lassen. Die Koteletts hineinlegen und in etwa 12 bis 15 Min. gar ziehen lassen. Die Koteletts herausnehmen und auf eine vorgewärmte Platte legen, mit frischer Kresse garnieren und warm halten. – Für die Soße in einem Topf die Crème schlagen und nach und nach von dem Wein-Sud dazugeben, bis sich eine noch cremige Soße ergibt. Mit Zucker und Zitronensaft abschmecken, mit Butter verfeinern und feingehackten Dill darunterrühren.
Fisch und Soße getrennt servieren.

Steinbutt mit Eiersoße

1500g Steinbutt, Würz-Sud 2a (aber ohne Lorbeerblatt), Zitronenscheiben, Petersilie

Den Steinbutt vorsichtig in den kochenden Sud legen, sofort abschalten und 30 bis 35 Min. gar ziehen lassen. Dann vorsichtig herausheben, auf einer gewärmten Platte anrichten und mit Zitrone und Petersilie garnieren.

Gefüllte Heringsröllchen in Tomatensoße

10 grüne Heringe, Tomatenmark, 1 Paprikaschote, geröstete Zwiebeln (Fertigprodukt), 2 Schachteln Tomatensoße (Fertigprodukt), Zucker, Zitrone, Butter

Die Heringe vom Händler schuppen, entgräten und in Hälften zerlegen lassen. – Zu Hause nach der »3-S-Methode« vorbereiten, mit Küchenkrepp trockentupfen. – Die Fische am besten so aufrollen, daß die Hautseite nach innen kommt. Deshalb die Hälften auf die Fleischseite legen, dann die Hautseite mit Tomatenmark bestreichen, mit gerösteten Zwiebeln bestreuen und an das Ende ein längliches geputztes Stück Paprika legen, um das Sie den Fisch rollen. Alle anderen Hälften ebenso. Mit einer Rouladennadel oder einem hölzernen Zahnstocher zusammenstecken. – ½ l Soße nach Vorschrift zubereiten, aufkochen, mit Zucker, Zitronensaft und einem Stückchen Butter abschmecken. – Die Heringsröllchen bei ganz kleiner Hitze in 5 oder 6 Min. in der Soße gar ziehen lassen.

Forellen mit Mayonnaise

4 Forellen, Salzwasser-Sud Nr. 1, 250 g Mayonnaise, 4 Blatt weiße Gelatine, 7 EL Wasser, 125 g Krabbenfleisch, Petersilie

Die Forellen vorbereiten; den Sud zum Kochen bringen. Nun zuerst die Mayonnaise mit der eingeweichten, ausgedrückten und in 7 EL heißem Wasser aufgelösten Gela-

tine vermischen. – Jetzt die Forellen vorsichtig in den kochenden Sud setzen und sofort die Hitze zurückschalten; die Fische langsam gar ziehen lassen.
Herausnehmen und auf eine vorgewärmte Platte legen. Wenn nun die Mayonnaise zu erstarren beginnt, in einen Spritzbeutel füllen. Jede Forelle auf dem Rücken leicht einritzen (damit sich die Mayonnaise hält) und einen dicken Zick-Zack-Streifen darauf spritzen.
Falls noch genügend Mayonnaise da ist, einen Streifen rund um jede Forelle spritzen. Auf diesem Streifen die Krabben verteilen.

Kabeljau in Biersoße

1500 bis 2000 g Kabeljau, 60 g Butter, ½ l dunkles Bier, ¼ l Wasser, 2 Zwiebeln geschält, 6 Pfefferkörner, 3 Pimentkörner, einige Körner Koriander, 1 Gewürznelke, 1 Pr. Salz, Mehl, Zucker, Zitronensaft

Fisch vorbereiten und in Portionsstücke teilen – noch nicht salzen, erst die Soße zubereiten. Butter erhitzen, Bier und Wasser, die Zwiebeln und die Gewürze zufügen. Alles schnell zum Kochen bringen, die Portionsstücke hineinlegen, abschalten und mit der Restwärme der E-Platte oder auf ganz kleiner Gasflamme in etwa 25 Min. gar ziehen lassen. Die Fischstücke herausnehmen und warm stellen. – Mehl mit etwas kaltem Wasser anrühren und in die Flüssigkeit einrühren, aufkochen lassen und dann durch ein Sieb in eine gewärmte Schüssel gießen. Mit Zucker und Zitronensaft pikant abschmecken. – Getrennt servieren.

Schellfisch – dänisch

1000 g Schellfisch (Gewicht ohne Kopf und ausgenommen), Salzwasser-Sud Nr. 1, zusätzlich 2 EL Estragon-Essig, 1000 g kleine Kartoffeln, 250 g Butter, 1 Bd. Petersilie

Den Schellfisch vorbereiten und in vier Stücke teilen (innen und außen salzen). In den kochenden Sud legen, abschalten und mit der Restwärme der E-Platte, oder auf ganz kleiner Gasflamme, gar ziehen lassen – etwa 20 bis 25 Min.
Gleichzeitig kleine Kartoffeln waschen, kochen und abpellen. – Fisch und Kartoffeln sollten zur gleichen Zeit fertig sein. – Inzwischen die Butter erhitzen und etwas salzen. – Fischstücke und Pellkartoffeln mit feingehackter Petersilie überstreuen und alles zusammen servieren.

Ein Gericht, das Kinder gern essen:

Fischfrikassee

750 g Fischfilet, 3 Päckchen »Helle Soße« (Fertigprodukt), ¼ l Brühe, ½ l Milch, Zitronensaft, Zucker, evtl. Salz, ½ EL Butter, 1 kl. Dose Champignons, verschiedene gehackte Kräuter

Das Fischfilet nach der »3-S-Methode« vorbereiten. – Brühe und Milch aufkochen und mit 3 P. »Helle Soße« eine cremige Tunke bereiten. Mit Zitronensaft, Zucker und evtl. Salz abschmecken; ½ EL Butter hineingeben. Das Fischfilet in Würfel schneiden; in der Soße – bei ganz kleinem Feuer – in ca. 15 Min. gar ziehen lassen. Während des Ziehens die blättrigen Champignons dazugeben und vorsichtig unterheben; dann nicht mehr umrühren. – Schließlich in eine Frikasseeschüssel geben und mit den gehackten Kräutern bestreuen.

Reis oder Salzkartoffeln passen gut dazu, auch erfrischender grüner Salat zum Abschluß.

Fischgulasch

1000 g Rotbarschfilet, 50 g geräucherter durchwachsener Speck, 3 gr. Zwiebeln, geschält, 1 kl. Dose Tomatenmark, Paprika, edelsüß, 3 EL Mehl, ¾ l Brühe (Würfel), 2 EL Essig, Kümmel, 1 Knoblauchzehe, Majoran, 1 Lorbeerblatt, 1 kl. Dose Pfifferlinge, Petersilie

Das Fischfilet vorbereiten. – Den Speck würfeln, auslassen. Die in Scheiben geschnittenen Zwiebeln und das Tomatenmark dazugeben, scharf anbraten. Das Mehl dazurühren und braun anschwitzen, Paprika überstreuen und sofort mit der Brühe ablöschen. Essig, Kümmel, 1 durchgepreßte Knoblauchzehe, etwas Majoran, ein Lorbeerblatt und die Pfifferlinge zufügen. Alles noch einmal aufkochen. – Die Fischfilets in dicke Würfel schneiden und in der Soße in etwa 15 Min. gar ziehen lassen. Mit gehackter Petersilie bestreut servieren.

Heringe in Fleischbrühe

1000g grüne Heringe, weißer Pfeffer, 1 l Fleischbrühe (Würfel), ¼ l Kräuteressig, Salz, Pfeffer, 2 geschälte Zwiebeln, 1 Bd. Suppengrün, Butter, Paniermehl

Aus Fleischbrühe, Essig, Gewürzen, Zwiebeln und Suppengrün (beides gehackt) eine Marinade bereiten, 15 Min. durchkochen lassen. – Inzwischen die Heringe nach Vorschrift vorbereiten (auch schuppen) und innen und außen mit weißem Pfeffer einreiben. – In den kochenden Sud legen und sofort die Hitze abschalten; in ca. 15 Min.

ziehen die Heringe gar. – Butter mit Paniermehl (Semmelbrösel) bräunen und die Heringe damit übergießen. Petersilienkartoffeln passen gut dazu.

Kaum ein Fisch ist von großen Köchen so oft als Mittelpunkt neu erfundener Gerichte gewählt worden, wie die Seezunge. Meist erhielten die Seezungengerichte zu Ehren der Feinschmecker deren Namen. In Paris habe ich eine Seezunge gegessen, die nicht nach einer Persönlichkeit des öffentlichen Lebens, sondern nach dem Restaurant »Marguery« benannt worden ist, auf dessen Speisekarte sie zuerst stand.

»Marguery's« Seezunge

70 g Butter, 2 gr. geschälte Zwiebeln, 4 Seezungenfilets, 1 Zitrone, Salz, Pfeffer, ⅛ l echte Kalb-Fleischbrühe, ⅛ l Weißwein, Pfahlmuscheln (Dose – mind. 2 Dutzend), Krabben (Dose – mind. 125 g), 1 EL Stärkepuder, 1 Eigelb, 5 EL Sahne, etwas Zitronensaft

Eine Auflaufform mit 70 g Butter ausfetten. In den vorgeheizten Backofen schieben. Die gewürfelten Zwiebeln hineingeben und anrösten, die vorbereiteten und gepfefferten Seezungenfilets darauflegen. Nun die Brühe und den Wein hineingießen; die Auflaufform mit Alufolie ringsum bedecken. Die Filets in ca. 15 Min. gar ziehen lassen. Muscheln und Krabbenfleisch daraufgeben und heiß werden lassen. – Die Brühe abgießen und mit dem in etwas kaltem Wasser angerührten Stärkepuder binden. Das Eigelb mit der wenig geschlagenen Sahne verrühren und darunterziehen. Nachwürzen, mit Croutons servieren.

Sie werden die Technik des »Pochierens« kennen, z. B. bei »verlorenen« Eiern. Dabei darf das Ei, das man ins Wasser gleiten läßt, nicht mehr kochen; dieselbe Methode gilt auch für das »Gar ziehen lassen«.

Pochierte Makrelenfilets mit Krebssoße

600-800 g Makrelenfilets, Zitronensaft, Salz, Pfeffer, 50 g Butter, ⅛ l Weißwein, 1 Bd. geputztes und gewaschenes Suppenkraut (Sellerie, Porree, Möhren, Suppenkraut, Petersilienwurzel), 1 gr. geschälte Zwiebel, Fischabfälle, ½ l Wasser, 1 Dose Krebsfleisch (Nettoinhalt 150 g), 1 Dose geschn. Champignons (Nettoinhalt 250 bis 280 g), 1 EL Speisestärke, ⅛ l Sahne, 3 Eigelb, 1 Hauch gemahlener Zimt, Salz, Pfeffer, 1 Becher »Crème fraîche«

Die Makrelen vom Fischhändler filetieren lassen und alle Abfälle, einschl. der Gräten, mitnehmen. – Die Filets vorbereiten und ein wenig pfeffern. Eine Auflaufform kräftig buttern, Filets hineingeben, den Wein angießen, die Auflaufform mit Alufolie abdecken. In den auf etwa 200 Grad vorgeheizten Backofen schieben und in etwa 30 Min. pochieren. Inzwischen das Suppenkraut und die Fischabfälle zerkleinern und in einem Topf mit ½ l Wasser 25 Min. kochen lassen. Durch ein Küchentuch in einen zweiten Topf seihen und den Saft aus der Auflaufform dazugießen, dann die Crème fraîche darunterrühren und einmal aufkochen.
Champignons und zerpflücktes Krebsfleisch dazugeben, Stärke mit der Sahne verrühren und die Brühe binden. Etwas davon nehmen, die 3 Eigelb damit verrühren und die Soße legieren. Nachwürzen mit Salz, Pfeffer und Zimt.

Pochierte Forellen in Scampicreme

4 Forellen, ¼ l Essig, Salzwasser-Sud Nr. 1, 200 g Scampifleisch, 1 geschälte Schalotte, 1 geschälte Knoblauchzehe, 30 g Butter, ¼ l Sahne, 2 Eigelb, gemahlener Koriander, Zitronensaft, 1 Pr. Salz, Petersilie

Die vorbereiteten Forellen auf eine flache Platte mit gewölbtem Rand legen – mit dem heißen Essig übergießen. Den Salzwasser-Sud zum Kochen bringen, die Forellen hineinlegen und bei geringer Wärme etwa 20 Min. pochieren. – Die Scampis kleinschneiden, die Schalotte fein würfeln. Die Butter in einen Topf geben, erhitzen und Scampis und Schalotte glasig dünsten. Die Knoblauchzehe durchpressen und dazugeben. Nun mit ¼ l Sahne unter Rühren ablöschen. Die Eigelb mit etwas Wasser verquirlen, die Sahne damit legieren. Nicht mehr kochen. Mit gemahlenem Koriander und einer Pr. Salz würzen. Unter Rühren etwas Zitronensaft dazugeben.
Die Forellen mit Zitronenscheiben und Petersilienzweigen auf einer vorgewärmten Platte anrichten und Creme getrennt dazu servieren.

Schellfisch mit Senfsoße

Salz, etwas Wasser, Fischabfall, ¼ l Milch, 2½ EL Mehl, 50 g Butter, 3 TL Senf, 1 TL geriebener Meerrettich, Pfeffer, Zucker, 1000 g Schellfisch, 2 EL Salz, 1 EL Essig, Wasser, 1 Zitrone

Dicke vorbereitete Schnitten vom Schellfisch sorgfältig entgräten und putzen. Die Gräten grob zerklopfen und mit den Abfällen in wenig Salzwasser 30 Min. kochen lassen. Die Brühe durch ein feines Sieb in einen Topf abgießen und weiterkochen. In die Milch das Mehl schütten und klümpchenfrei verrühren – in die kochende Brühe

einrühren, etwa 10 Min. sanft kochen, dann Butter, Senf, Meerrettich zugeben und mit Pfeffer und Zucker abschmecken. – Während die Brühe zur Soße kocht, den Fisch zubereiten. Die Schnitten vom Schellfisch mit kaltem Wasser, dem Salz und Essig zugefügt wurden, aufsetzen, zum sanften Kochen bringen und ca. 10 Min. köcheln lassen, evtl. abschäumen.
Soße und Fisch sind dann ungefähr zur gleichen Zeit fertig. Mit Zitronenscheiben dekoriert servieren.

Tip: Nehmen Sie zum Einrühren in die Brühe Instant-Mehl, dann gibt es keine Klümpchen.

Rotbarsch in Weinsoße

1000 g Rotbarsch, 1 Zitrone, Salz, ein wenig Wasser, ⅛ l Fleischbrühe (Würfel), 1 geschälte Knoblauchzehe, ½ l Rotwein, 3 P. »Helle Soße«, 3 EL Tomatenketchup, 3 EL Fischwasser, Pfeffer, 5 gefüllte Oliven, etwas Dill

Fisch säubern, säuern, salzen, in Stücke schneiden mit ganz wenig Wasser (Menge richtet sich nach der Größe Ihres Kochtopfes) in 15 Min. im eigenen Saft garen. – Fleischbrühe zubereiten, die Knoblauchzehe hineinpressen und den Rotwein hinzufügen, aufkochen. Die »Helle Soße« hineinrühren, wieder aufkochen lassen, mit Tomatenketchup und etwas Fischwasser abrühren. Mit Pfeffer würzen und die in Scheiben geschnittenen gefüllten Oliven hinzufügen. – Den Fisch in der Soße, mit etwas Dill garniert, servieren.

Heilbuttschüssel

500 g Heilbutt, 1 Zitrone, Salz, Wasser, 1 gr. geschälte Zwiebel, 1 Tasse Reis, 2 EL Öl, 2 Tassen Brühe (Würfel), 1 Tomate, 1 kl.

Dose Champignons in Scheiben, 1 hartgekochtes Ei, Salz, Pfeffer, Curry, Worcestersoße, Petersilie

Den Fisch nach Vorschrift vorbereiten und in Würfel schneiden; mit wenig Wasser etwa 10 Min. sanft kochen. Die Zwiebel fein würfeln und mit dem Reis im heißen Öl andünsten. Dann die Brühe angießen und in 20 Min. ausquellen lassen. Die Tomate würfeln, Champignonscheiben erhitzen, Ei in Scheiben schneiden, alles mit den Fischwürfeln unter den Reis mischen. – Mit den Gewürzen pikant abschmecken, mit gehackter Petersilie bestreuen.

Gekochte Scholle mit Sahnesoße

2200 g Schollen, 1 Zitrone, Salz, Wasser, 70 g Butter, 2 große geschälte Zwiebeln, 1 Tasse Weißwein, 1 Tasse Sahne, 50 g Butter, 50 g Mehl, Salz, Pfeffer, Zitronensaft, 2 Eigelb, Dill

Möglichst große vorbereitete Schollen in vier Portionsstücken in einem großen Topf mit Wasser bedeckt garen. Bei ganz geringer Hitze dauert es etwa 20 Min. Herausnehmen und warm stellen. – Die Zwiebeln kleinwürfeln, in der heißen Butter golden dünsten, mit Weißwein ablöschen, 10 Min. köcheln lassen. Dann mit der Sahne mischen und aufkochen. Inzwischen aus Mehl und Butter Kügelchen kneten, nach und nach unter Schlagen mit dem Schneebesen hineingeben, bis die Flüssigkeit dicklich gebunden ist. Mit Salz, Pfeffer und Zitronensaft abschmecken; nun mit zwei – in etwas Wasser verrührte – Eigelb legieren.
(Jetzt darf die Soße nicht mehr kochen.) Mit feingehacktem Dill (nach Geschmack) bestreuen. – Schollen oder Schollenstücke und Soße getrennt servieren.

Tip: Am besten bekommen Sie den gekochten Fisch unverletzt auf die Teller, wenn Sie einen Fischkochtopf mit Siebeinsatz benutzen.

Aal grün, in Soße

1000 g Aal, Salz zum Abreiben, 50 g Butter, 50 g Mehl, ½ l Wasser, 2 Eigelb, 5 EL Sahne, Salz, Pfeffer, Zitronensaft, Dill

Einen kleinen Aal gründlich säubern, dann die Haut mit Salz abreiben – einem dicken Aal die Haut abziehen. Dann in Portionsstücke schneiden. – In der heißen Butter das Mehl hell anschwitzen, mit Wasser ablöschen. Zu einer hellen Soße kochen, die Fisch-Stücke hineingeben und bei ganz schwacher Hitze 20 bis 25 Min. kochen lassen. – Eigelbe mit der Sahne verschlagen und die Soße damit legieren. Mit den Gewürzen und dem Zitronensaft abschmecken; den feingehackten Dill darunterrühren. – Aal in der Soße servieren.

GAREN IN DER FOLIE

Jetzt ist es folgerichtig, Sie mit der modernsten und sehr ausbaufähigen Zubereitungsform, dem Garen in der Folie, bekanntzumachen. Für echte Fischkenner ist das Garen in der Folie durch nichts zu übertreffen, überdies können Sie jeden Fisch, ob ganz, ob in Stücken, ob Filet, so zubereiten: eine ideale Garmethode mit vielen Vorzügen, ohne Nachteile!
Sie schneiden sich für Ihren Portionsfisch das passende Stück Folie zurecht, dann bepinseln Sie es sorgfältig mit flüssiger Butter. Bereiten Sie den Fisch wie gewohnt nach der »3-S-Methode« vor und geben Sie Geschmackszutaten

auf den Fisch; zu verwenden ist alles, was in meinen Rezepten vorkommt – vom gewürfelten Speck bis zu getrockneten Kräutern. Nun wird das Paket fest eingewickelt, indem Sie die Seiten hochnehmen und über dem Fisch gut falzen (die Ränder müssen mindestens zweimal umgeschlagen werden), dann die Enden sorgfältig wickeln. Immer genügend Luftraum über dem Fisch lassen. Das Folienpaket können Sie nun in den Backofen, auf den Rost legen oder unter den Grill schieben oder sogar in Wasser schwimmend kochen. Die Garzeit ist beinahe immer die gleiche, kleine Portionen etwa 10–15 Min., ein großer Fisch (ca. 1000 g) etwa 40–45 Min.
Sie können gegen Ende die Folie öffnen, wenn Sie feststellen wollen, ob der Fisch gar ist. Falls der Fisch gebräunt werden soll, können Sie dies bei weit geöffneter Folie in den restlichen 5 Min. erreichen. Zum Servieren legen Sie den Fisch in der Packung auf die Platte und schneiden die überflüssige Folie ab.

Fisch in der Folie – ganz einfach

1200 g Steinbeißer, Zitronensaft, Salz, Butter für die Folie, Butter für Flöckchen, Dill, 1 geschälte Zwiebel, 1 kl. Gewürzgurke, Mayonnaise, Paprikapulver (süß), Alufolie

Den Fisch in Portionsstücke schneiden, vorbereiten. – Ein genügend großes Stück Alufolie zurechtschneiden, mit Butter einfetten. Den Steinbeißer darauflegen, mit Butterflöckchen, Dillzweigen, einer feingewürfelten Zwiebel, den Scheibchen einer Gewürzgurke belegen und die Bauchseite des Fisches mit Senf bestreichen. – Die Folie zusammenfalten und auf den Rost in den vorgeheizten Backofen legen. Je nach Größe der Stücke in 30 bis 40 Min. garen. – In der Folie servieren und Mayonnaise, die mit süßem Paprikapulver gut vermischt wurde, dazureichen. Petersilienkartoffeln passen gut dazu.

Lachs im Silberkleid

1000 g Lachs, Alufolie, 50 g Butter, Zitronensaft, Salz, Pfeffer, Butter für Flöckchen, 1 EL Koriander – grob zerdrückt, 1 Zitrone, Kräuterbutter

Ein genügend großes Stück Alufolie sehr gut einfetten. Den Lachs vorbereiten, mit Pfeffer würzen, mit Butterflöckchen besetzen und 1 EL zerdrückten Koriander überstreuen. Mit Zitronenscheiben belegen. Die Alufolie verschließen und in den vorgeheizten Backofen auf den Rost – mittlere Schiene – legen. Bei 200 Grad in etwa 30 Min. garen. – In der Folie servieren, nachdem Sie überflüssige Ränder abgeschnitten haben, und Kräuterbutter dazu reichen.
Sie können die Fischmahlzeit auch durch Gemüse ergänzen: Prinzeßbohnen, Möhren oder Erbsen – immer in reichlich Butter geschwenkt, mit Petersilienkartoffeln.

Gefüllte Heringe in der Folie

8 frische Heringe (mit Milch), Zitronensaft, Salz, 2 EL Butter, Heringsmilch, 2 geschälte Zwiebeln, Salz, Pfeffer, 1 Zitrone, 1 kl. Dose geschnittene Champignons, etwas Bohnenkraut, Alufolie, Butter, 2 Tomaten, Würzbutter

Die Heringe, sog. Milchner, entgräten und dann vorbereiten. Für die Füllung die Butter weich werden lassen, die Heringsmilch mit einer Gabel zerdrücken. Die Zwiebeln fein würfeln, würzen mit Salz, Pfeffer und dem Saft von ⅛ Zitrone (die übrigen ⅞ brauchen Sie zum Garnieren). Zwiebelwürfel, abgeschüttete Champignons und etwas Bohnenkraut unter die Butter/Milch-Mischung rühren. Mit der Masse die Heringe füllen und mit Rouladennadeln oder hölzernen Zahnstochern zustecken. Ein genügend großes Stück Alufolie zurechtschneiden, gut mit Butter ausfetten. Die Heringe nebeneinander darauflegen, die Folie falzen und das ziemlich große Paket in die Fettpfanne des Backofens, den Sie auf 200 Grad vorgeheizt haben, legen. Bei mittlerer Hitze in etwa 20 Min. garen. In der zurechtgeschnittenen Folie auf einer warmen Platte, mit Tomaten- und Zitronenachteln garniert, servieren. – Wählen Sie unter den Butterrezepten eine würzige Butter aus, die Sie dazu reichen. – Sehr gut paßt ein milder Kartoffelbrei.

Verhüllter Rotbarsch

4 Rotbarschfilets (800 g), Zitronensaft, Salz, Olivenöl, Pfeffer, Knoblauchsalz, getrockneter Thymian, 4 Stücke Alufolie, 1 kl. Dose Erbsen, 1 kl. Dose Möhren – gewürfelt, 1 geschälte Zwiebel, 1 geschälte Aubergine, 1 Bd. Suppenkraut, 1 Bd. Dill, Salz, Zucker, Würzbutter

Die Filets vorbereiten und, nachdem Sie sie gesalzen haben, mit Olivenöl einpinseln, ebenso die Alufolie. Auf jedes Stück ein Filet legen, pfeffern, mit Knoblauchsalz bestreuen, den Thymian zwischen den Fingern zerbröseln und daraufgeben. Nun brauchen Sie noch für jedes Filet eine Tasse Gemüse. Die geöffneten Dosen abgießen, Erbsen und Möhren in eine Schüssel schütten, Zwiebel- und Auberginen-Würfel dazu. Das Suppenkraut putzen und kleinschneiden, ebenfalls dazugeben und alles mischen, gleichzeitig mit feingehacktem Dill, Salz und Zukker würzen. Je eine Tasse voll auf die Filets häufen. Die Folie sorgfältig schließen. Die Päckchen in die Fettpfanne des Backofens legen und 30 Min. bei 200 Grad garen (den Backofen 10 Min. vorheizen).
Als Zugabe suchen Sie sich aus den Rezepten eine Würz-

butter heraus, die Ihnen zusagt. Versuchen Sie einmal Bratkartoffeln aus der Dose, die – blitzschnell zubereitet – ganz ausgezeichnet schmecken.

Silberne, gefüllte Forellen

2 gr. geschälte Zwiebeln, Butter, ½ T. Reis, 1 T. Brühe (Würfel), 125 g Krabbenfleisch, Pfeffer, Salz, 4 Forellen, 4 Stück Alufolie, 1 Zitrone, etwas Salz, 1 Zitrone

Die Butter in einem flachen Topf erhitzen, die kleingewürfelten Zwiebeln andünsten. Den vorbereiteten Reis dazugeben und dünsten, bis er glasig aussieht. Mit der heißen Fleischbrühe ablöschen und mit der Restwärme in 20 Min. ausquellen lassen. Die Krabben kleinschneiden, daruntermischen und alles mit Pfeffer und Salz würzen. Die Forellen vorbereiten und mit dem Krabben-Reis füllen, den Fischbauch mit einer Rouladennadel zustecken. Die Fische einzeln in Alufolie packen, in die Fettpfanne des vorgeheizten Backofens legen und bei 220 Grad in 30 Min. garen. Die Forellen vorsichtig auswickeln, auf einer vorgewärmten Platte anrichten und mit Zitronenachteln garniert servieren.

Wenn Sie *Gemüse* zum Fisch lieben, dann können Sie es genauso wie die Forellen in Folie verpacken und mitgaren:

250 g Zucchini, 3 Fleischtomaten, 2 EL Butter, Salz, Pfeffer, Estragon

Zucchini und Tomaten putzen, in Scheiben schneiden. Die Folie etwas fetten, das Gemüse in die Mitte legen, restliche Butter darüber, würzen und Estragonzweige darauflegen. Mit den Fischen in den Ofen geben, 30 Min. garen.

In Silber gerollter Aal – gekocht

1200 g grüner Aal (am besten 1 großer Aal), Salz, 1 Zitrone, 1 geschälte große Zwiebel, 4 Bd. Dill, 2 EL in Butter geröstetes Paniermehl (Semmelbrösel), Pfeffer, Salz, Schnee von 2 Eiweiß

Im Fachgeschäft den Aal abziehen und die Mittelgräte so entfernen lassen, daß die beiden Aalseiten oben noch gut zusammenhängen. Zu Hause den Aal mit Salz leicht abreiben, quer halbieren und die Stücke mit Zitronensaft beträufeln. Die Zwiebel fein hacken, ebenso den Dill; beides mit den gerösteten Bröseln mischen, pikant abschmecken. 2 Eiweiß zu steifem Schnee schlagen; diesen unter die Kräutermasse ziehen. Den Aal auseinanderklappen und die Innenseiten mit der Masse bestreichen, zusammenklappen und mit Rouladenringen zusammenhalten. Jedes Stück für sich fest in Alufolie einwickeln. In einem weiten Topf wenig Wasser zum Kochen bringen. Die Stücke hineinlegen und bei milder Hitze in etwa 25 Min. garen. Ausrollen und in Scheiben geschnitten auf gewärmter Platte servieren.
Reichen Sie eine Zitronensoße und Salzkartoffeln dazu.

GAREN IM BRATBEUTEL

Anstelle der Alufolie können Sie – wenn Sie den Fisch auch bräunen wollen – sehr gut die im Handel angebotenen Bratfolien aus Plastikmaterial benutzen, die als Schlauch in Breiten von 30 und 45 cm geliefert werden. Im Backofen bläht sich die Folie durch die heiße Luft auf und muß deshalb ein paarmal eingestochen werden, damit sie nicht platzt. Jeder Packung liegen Gebrauchsanweisung und Verschlußstreifen bei.

Hecht – bürgerlich – im Bratbeutel

1 Hecht (ca. 1500 g), 100 g Butter, 5 geschälte Zwiebeln, Pfeffer, Salz, 100 g Butter, 1 Tube Sardellenpaste, abgeriebene Schale von 1 unbehandelten Zitrone, etwas Paniermehl; dazu: Zitronensoße II mit Dill

Den Hecht schuppen und ausnehmen – oder vom Fischhändler vorbereiten lassen. Fisch unter fließendem Wasser gut abspülen, mit Küchenkrepp trockentupfen. – Die gewürfelten Zwiebeln in der heißen Butter golden andünsten und würzen.

Die Zwiebeln zusammen mit dem Bratfett mit Hilfe eines langen Löffels in den genügend großen Folienschlauch füllen und den innen und außen gesalzenen Hecht darauflegen.

Nun in einer Schüssel 100 g weiche Butter mit dem Inhalt einer Tube Sardellenpaste und der abgeriebenen Zitronenschale mischen und so viel Paniermehl dazugeben, daß die Masse streichfähig ist. Den Hecht damit bestreichen. Den Folienbeutel schließen (nach Vorschrift) und einstechen, in die Fettpfanne des Backofens legen und ca. 25 Min. bei 200 Grad backen.

Mit der Zitronensoße II servieren, der Sie viel gehackten Dill zugegeben haben. Dazu passen Petersilienkartoffeln.

Folien-Fisch auf englisch

4 Rotbarschfilets, 1 Zitrone, Salz, ½ TL Zwiebelpulver, 4 Scheiben Chesterkäse, 4 Scheiben Schinkenspeck – fein gewürfelt, Paprikapulver – süß

Die Filets vorbereiten und mit Küchenkrepp trockentupfen. Einen Folienbeutel zurechtmachen, der so groß sein soll, daß die Filets nebeneinander liegen können. Die

Rotbarschfilets mit dem Zwiebelpulver bestreuen, den Chester darauflegen und den feingewürfelten Speck darauf verteilen. Den Beutel schließen und in die Fettpfanne des vorgeheizten Backofens legen. Bei 200 Grad so lange backen, bis der Käse verläuft. Die Filets auf die gewärmten Teller verteilen und mit Paprika bestäuben. – Dazu Salzkartoffeln und eine beliebige Soße.

Festlicher Kabeljau

1200g Kabeljau, 1 Zitrone, Salz, ½TL Senf, 100g Butter, Paniermehl, Pfeffer, 2 Gläschen gehackte Kapern, Tomaten, Auberginen, Kapern, Petersilie

Den Kabeljau vorbereiten, mit Küchenkrepp trockentupfen. Den Senf mit der Butter und mit so viel Paniermehl mischen, daß eine streichfähige Paste entsteht, die auf dem Fisch haftet.
Den Kabeljau mit der Butter bestreichen und etwas pfeffern.
Gehackte Kapern darauf streuen. Einen genügend großen Folienbeutel zurechtmachen, mit kaltem Wasser ausspülen, den Fisch hineinlegen und verschließen; einstechen. Auf den Rost des vorgeheizten Backofens legen und bei Mittelhitze in ca. 40 Min. garen. Inzwischen geschälte Tomaten und Auberginen in Butter dünsten. Den Fisch herausnehmen und auf einer vorgewärmten Platte, umlegt mit dem gedünsteten Gemüse und Petersilienkartoffeln und mit Kapern und gehackter Petersilie bestreut, servieren.

Nun mache ich Sie noch »aus aktuellem Anlaß« mit einem leckeren englischen Fischgericht bekannt:

Englischer Fischpudding »Prinz Charles« mit Sardellen

800 g Seefischfilet, ½ l Hühnerbrühe, ⅛ l Sahne, 250 g Langkornreis, gekocht, ¼ l Tomatensoße, 1 EL Butter, 4 EL gehackte Petersilie, Salz, Pfeffer, 2 EL geriebener Käse, Sardellen

Hühnerbrühe mit Reis aufsetzen und auf kleiner Flamme kochen, bis die Flüssigkeit aufgesogen ist. Die grätenfreien Fischfilets in Würfel schneiden und in der Mischung von Sahne und Tomatensoße mit Gewürzen und Petersilie gar ziehen lassen. Eine feuerfeste Puddingform ausbuttern, den Reis unter die Fischmasse heben, in die Form geben und etwa 10 Minuten bei mittlerer Hitze überbakken. Den Inhalt auf einen Teller stürzen und das Ganze mit Zitronen- und Gurkenscheiben garnieren. Obenauf Sardellen setzen.

Das *»Blau-Kochen«* von Fischen ist eine alte Methode, aber nur Süßwasserfische mit einer Schleimhaut wie Forellen, Karpfen, Schleie und Aale sind dafür geeignet. – Die Fische mit nassen Händen anfassen, nicht schuppen, nur vorsichtig säubern, ausnehmen und waschen, ohne die Schleimhaut zu verletzen. Falls dies doch geschieht, oder schon zu wenig Schleim vorhanden war, dann den Fisch mit heißem Essig begießen und 10 Min. zum »Blauwerden« stehen lassen.

Forelle – »blau«

4 frische Forellen (ausgenommen je 250 g), evtl. 1 Tasse Essig, 1 l Wasser, 1 EL Salz, ¼ l Weißwein, 6 Pfefferkörner, 1 Lorbeerblatt, Petersilie, 4 Zitronenscheiben mit Schale, Butter

Die Forellen vorbereiten und zusätzlich einen dickeren

Faden mit einer Nadel durch das Maul und durch die Schwanzflosse stechen und die Forelle rund zusammenbinden. In einem hohen, weiten Topf aus Wasser, Salz, Weißwein, Pfefferkörnern und Lorbeerblatt einen Sud kochen. Forellen nacheinander hineingleiten lassen, die Hitze sofort abschalten und die Fische 10 bis 12 Min. gar ziehen lassen. Mit einer Siebkelle vorsichtig herausnehmen, auf vorgewärmte Teller geben, mit Zitronenscheiben und Petersilie garnieren. Mit frischer oder zerlassener Butter servieren.

Tip: Ob eine Forelle, die man Ihnen im Restaurant serviert, frisch ist, erkennen Sie an der geplatzten Haut. Tiefgefrorene Forellen platzen nicht.

Zander – »blau«

2000 g Zander, Würz-Sud 2a, 1 Zitrone, 1 hartgekochtes Ei, 1 Tomate

Den Zander zum Blaukochen vorbereiten, den Würz-Sud herstellen, kochen lassen und den Fisch vorsichtig hineinsetzen. Lassen Sie ihn 20 bis 30 Min. darin ziehen, dann Garprobe machen. Inzwischen Zitrone, Ei und Tomate in Scheiben schneiden. – Den Zander vorsichtig herausheben, auf einer vorgewärmten Platte anrichten und mit den in Scheiben geschnittenen Zutaten garniert servieren. Dazu passen vorzüglich: Petersilienkartoffeln und Zitronensoße.

Tip: Es gibt moderne Spezial-Kochtöpfe in länglicher Form für Fisch, die Ihnen durch ein Einsatzsieb das Einlegen und das Herausnehmen des Fisches erheblich erleichtern.

Karpfen – »blau«

ist das beliebte Heiligabend-Essen. – Es schmeckt aber genausogut an jedem anderen Tag.

2000 g Karpfen, Salzwasser-Sud, 1 Lorbeerblatt, evtl. Essig

Den Karpfen vorsichtig mit nassen Händen vorbereiten (nicht schuppen). Falls die Schleimhaut beschädigt ist, vorsichtshalber mit heiß gemachtem Essig übergießen, damit der Karpfen blau wird. Dazu den Karpfen auf den Bauch legen. Den Sud 10 Min. kochen lassen, abschalten und den Karpfen in das Wasser legen; in etwa 30 Min. mit der Restwärme der Kochplatte (oder auf ganz kleiner Flamme) gar ziehen lassen.
Nehmen Sie nach Größe des Kochtopfes die zwei- oder dreifache Menge des Suds, damit der Fisch bedeckt ist.

Tip: Wenn Sie den Karpfen auf dem Bauch liegend – gewissermaßen aufrecht – kochen oder mit Essig begießen wollen, dann geben Sie in die Bauchhöhle zusammengeknüllte Folie, dann ist der Karpfen standfest!

Seehechtsteaks mit Champignonsoße

4 Seehechtsteaks od. Seehechtfilets, je ¼ l Weißwein und Wasser, ½ TL Salz, 3-4 Schalotten, Saft von einer Zitrone, 300 g frische Champignons, 3 Schalotten, 1 EL Butter ¼ l Sahne, etwas Salz und weißer Pfeffer

Den Fisch kurz unter kaltem Wasser abspülen. Wein mit Wasser, Salz, in Scheiben geschnittenen Schalotten und Zitronensaft aufkochen und die Steaks hineingeben. Bei mittlerer Hitze ca. 8 Min. langsam pochieren. Die Champignons abziehen und in feine Scheibchen schneiden. Die Schalotten fein würfeln. Die Butter erhitzen und die Champignons mit den Schalottenwürfeln einrühren und

5 Min. dünsten lassen. Dann vom Herd nehmen und die Sahne einrühren. Mit Salz und Pfeffer abschmecken und die Soße über die angerichteten Fischsteaks gießen. Dazu: Kräuterkartoffeln und Karottenpüree.

Dämpfen, dünsten, Fischklöße

Vor Geiz mußt dich bewahren,
Soll glücken dir der Schmaus;
Willst du am Pfennig sparen,
Wirfst du die Mark hinaus.

(Alter Spruch)

Fische dämpfen

Wenn man sich einen Spezial-Fischtopf anschafft, hat man die Möglichkeit, Fische besonders schonend zu garen. Dieser Fischtopf hat einen gelochten Einsatz, der über dem eingefüllten Wasser oder Sud steht. Der kochende Sud dringt durch die Löcher und gart den auf dem Einsatz liegenden Fisch. Die Garzeit ist ein wenig länger, als bei den im Sud liegenden Fischen.
Wie ich es mache? Ich nehme einen genügend weiten Topf, stelle eine kleine feuerfeste Schüssel in das eingefüllte Wasser (oder den Sud), aber so, daß das Wasser, wenn es kocht, nicht in die Schüssel läuft. Darauf stelle ich den Fisch in einem Sieb zum Dämpfen. Meine Methode hat außerdem noch den Vorteil, daß sich der Fischsaft in der Schüssel sammelt und für die Soße verwendet werden kann. – Den gleichen Effekt erzielen Sie, wenn Sie eine Tasse umgestülpt in den wassergefüllten (ca. 2 cm hoch) Topf stellen und darauf – schon auf einem Teller angerichtet – die Zutaten und den Fisch.

Seelachs gedämpft – chinesisch

800g Seelachsfilet, Zitronensaft, Salz, Pfeffer, 100g Reis, 2T. Wasser, 2 große, geschälte Zwiebeln, 1 geschälte Ingwerwurzel, in Scheiben geschnitten, 1 Stange Porree, in Scheiben geschnitten, 1 kleingewürfelte frische Chilischote, 3 EL Keimöl, 5 EL Sojasoße, 6 EL Sherry, Stärkepuder

Zuerst den Reis mit dem Wasser in etwa 20 Min. körnig quellen lassen. Warm stellen. – Die Seelachsfilets vorbereiten und pfeffern. Mit einem scharfen Messer die Filets schräg in Streifen schneiden, so daß es große Streifen gibt. Auf einem nicht zu kleinen Teller breit anrichten. Die Ingwerscheiben fein hacken, die Zwiebeln fein würfeln, zusammen mit den Chilischotenwürfeln und den dünnen Porreescheiben auf den Fischstreifen verteilen. – In einen weiten Topf heißes Wasser füllen, eine umgestülpte Tasse in die Mitte stellen; das Wasser sollte etwa 2 cm hoch stehen, evtl. nachgießen. – Den Fischteller auf die Tasse stellen, die Fischstreifen reichlich mit Keimöl, Sojasoße und Sherry beträufeln, restliche Sojasoße und restlichen Sherry in das Kochwasser geben. Den Deckel auflegen und das Wasser auf mittlerer Hitze zum Kochen bringen. Sobald Dampf entweicht, Hitze reduzieren. Insgesamt etwa 10 Min. dämpfen. Den Teller herausnehmen und warm stellen. Den Fischsud noch nachwürzen und mit angerührter Stärke binden. – Die Fische auf vier angewärmte Teller verteilen und mit dem angesammelten Sud beträufeln. Die Soße getrennt reichen.

Fischragout – gedämpft

800 g Fischfilet, Zitronensaft, Salz, 1 geschälte Zwiebel, 70 g Butter, 50 g Mehl, 60 g Butter, 1 Eigelb, 1 Bd. Petersilie, 50 g Butter für Butterflöckchen, Parmesankäse

Fischfilet vorbereiten, heißes Wasser in einen weiten Topf füllen, eine feuerfeste Schüssel hineinstellen. Die Fischfilets in ein festes Sieb geben und auf die Schüssel legen.

Feingehackte Zwiebelwürfel über die Fischfilets streuen und 70g zerlassene Butter darüberträufeln. Den Topf mit dem Deckel verschließen und bei mittlerer Hitze das Wasser zum Kochen bringen. Wenn Dampf entweicht, die Hitze zurückschalten. Etwa 10 Min. dämpfen. Das Sieb herausnehmen, die Fischfilets warm stellen. Mit 60g Butter und 50g Mehl eine helle Schwitze bereiten, den angesammelten Fischsaft darunterrühren, mit einem angerührten Eigelb legieren, evtl. noch von dem Kochwasser dazugeben, bis eine cremige Soße entsteht. Die Filets zerpflücken – dabei noch evtl. vorhandene Gräten entfernen – und in die Soße geben. Mit gehackter Petersilie bestreuen und mit Butterflöckchen die Soße besetzen. – Den geriebenen Parmesankäse getrennt servieren.

Rotbarschfilet im Lauch

600g Rotbarschfilets, 1 Zitrone, Salz, 1200g Lauchstangen, 1 geschälte Knoblauchzehe, ½l Brühe (Würfel), Salz, Pfeffer, 1 Pr. Zucker, 1 Tube Tomatenmark, 4 Käse-Scheibletten, 1 Bd. Petersilie

Zuerst den Lauch zubereiten: Die Stangen putzen, gut waschen und in Scheiben schneiden. Mit der Knoblauchzehe den Topf ausreiben. Die Brühe in den Topf geben, dann die Lauchscheiben. Würzen und etwa 3 Min. andünsten. Inzwischen die Fischfilets vorbereiten, mit Tomatenmark bestreichen, auf jedes Filet eine Scheiblette geben und schuppenartig in ein Sieb legen. Auf den Lauch einen kleinen Teller umgekehrt legen, das Sieb daraufstellen, den Topf schließen und bei kleiner Hitze noch 12 Min. dämpfen. Sofort servieren und dabei zuerst den Lauch auf die Teller füllen, dann die Filets (mit dem zerlaufenen Käse) daraufgeben, mit gehackter Petersilie bestreuen.

Hier ist ein Rezept, bei dem Sie nicht nur Seelachsfilet verwenden können, sondern viele beliebige Fischarten:

»Fisch auf spanisch«

800 g Seelachsfilets, 1 Zitrone, Salz, ½ l Wasser, 3 Scheiben Zitrone, 1 Lorbeerblatt, 2 geschälte Zwiebeln, 2 Pfefferkörner, 2 Pimentkörner, 1 Petersilienwurzel – geputzt, Salz, ⅛ l Weizenkeimöl, 2 gr. geschälte Zwiebeln, Saft von 2 Zitronen, 1 Bd. Petersilie, 1 Bd. Basilikum, 1 geschälte Knoblauchzehe, Salz, Pfeffer, 10 gefüllte Oliven, in Scheiben geschnitten

Zuerst die Soße zubereiten: Das Weizenkeimöl in eine Schüssel gießen, feingewürfelte Zwiebeln, den Zitronensaft, feingehackte Petersilie und Basilikum, Salz, Pfeffer, Olivenscheiben und die durchgepreßte Knoblauchzehe dazugeben, gut verrühren. – In einen weiten Topf das Wasser gießen, Lorbeerblatt, zerkleinerte Zwiebeln, Gewürzkörner sowie Salz und Petersilienwurzel dazufügen. 5 Min. durchkochen. Die Fischfilets vorbereiten, der Länge nach in zweifingerbreite Streifen schneiden. In ein Sieb legen. In den Topf ein Schüsselchen stellen, das Sieb darauflegen und den Fisch im zugedeckten Topf bei schwacher Hitze ca. 10 Min. dämpfen. Gut aufpassen, denn der Fisch ist von einer Minute zur anderen gar, danach zerfällt er.

Fische dünsten

Eine vorzügliche Zubereitungsmethode ist das Dünsten auf dem Herd oder im Backofen. Kleine Fische oder Stücke bis zu 750 g eignen sich am besten zum Dünsten im Topf, größere werden im Ofen gedünstet. Ideal ist feuerfestes Geschirr, weil das fertige Gericht dann gleich in der Form auf den Tisch gebracht werden kann.

Der Fisch dünstet im eigenen Saft, mit nur ganz wenig Flüssigkeitszugabe, er behält seine wertvollen Bestandteile, sein gutes Aussehen und seinen vorzüglichen Geschmack. Meist erhält der Fisch ein Bett aus Geschmackszutaten wie Zwiebeln, Suppenkraut und Gewürzen. Zur Verfeinerung können Sie noch wenig Wein, Wermut, Weinbrand, Wodka, Gin, Zitronensaft oder Cidre hinzufügen. Aber vergessen Sie nie, den Topf oder die Form kräftig auszubuttern.

Die Vorbereitung der Fische ist dieselbe wie beim gar ziehen lassen. Sie können auch das »Blaukochen« beim Dünsten genausogut erzielen. Die Grundrezepte sind:

Dünsten auf der Platte

Legen Sie den Fisch mit Zwiebelscheiben, Tomaten oder Suppenkraut in einen kalt gebutterten passenden Topf und lassen Sie ihn darin bei milder Hitze mit ganz wenig Brühe dünsten. Den Schalter nur auf halbe Stellung drehen und zurückschalten, sobald sich Dampf am Deckelrand zeigt. Beim E-Herd mit der Speicherwärme in 15 bis 20 Min., beim Gasherd auf kleinster Flamme in 15 Min. gar dünsten. Die Fischbrühe verwenden Sie zur Soße.

Beim Dünsten können Sie natürlich auch mit verschiedenen Gemüsen als »Bett für den Fisch« kulinarische Nuancen erzielen. Besonders gut ist das Pürieren von Gemüse, das uns die »Neue Küche« beschert hat – das Rezept dafür gebe ich Ihnen im Anschluß.

Dünsten in der Röhre

Alle Fische können auch im Backofen, in der Röhre gedünstet werden. Besonders lustig sieht es aus, wenn der Fisch ungeteilt, sozusagen »in schwimmender Stel-

lung«, auf einer feuerfesten Porzellan- oder Steingutplatte gedünstet und auf dieser auch zu Tisch gebracht wird. Damit er hoch steht, legt man in den Bauch eine dicke Kartoffel oder Mohrrübe oder zerknüllte Alufolie. Sie können mit Tomaten, Suppenkraut, Paprika, Champignons oder Zwiebeln garnieren.
Die Platte mit dem Fisch setzen Sie auf das Ofengitter, das Sie auf die unterste Schiene schieben. Bei milder Hitze wird ein Fisch von 3 bis 4 Pfund in 40 bis 50 Min. gar gedünstet. Zwischendurch mit etwas Flüssigkeit begießen. Der sich bildende Fischsaft wird zur Soße verwendet. Immer sollten Sie ein Stück Alufolie über den Fisch decken, damit er saftig bleibt und oben nicht austrocknet.

Tip: Bei zu starker Hitze sammelt sich sehr viel Saft an, ebenso war die Hitze zu stark, wenn die Fischhaut platzt – daraus können Sie aber nur lernen.

Pürierte Gemüsebeilagen

Zu Fisch paßt hervorragend ein *Selleriepüree*.

300 g Sellerie (geputzt, gewaschen, gewürfelt), ½ T Salzwasser, 1 EL Butter, 2 EL Sahne, Salz, Pfeffer, Zitronensaft

Sellerie in einem Topf mit Salzwasser in 15 Min. dämpfen, abgießen und noch heiß mit dem Mixstab pürieren. Die Butter unterrühren und das Püree noch einmal gut erhitzen – aber nicht mehr kochen lassen. 2 EL Sahne darunterrühren und mit Salz, Pfeffer und etwas Zitronensaft würzen.

Gemüse mit wenig Wassergehalt können allein püriert werden, z. B. Rosenkohl, Auberginen, Blumenkohl, Möhren, Erbsen – sie brauchen aber zusätzlich Flüssigkeit wie Milch oder Sahne.

Für wasserhaltige Gemüse, wie Tomaten, grüne Bohnen, Kohlrabi, Spinat, ist es empfehlenswert, 1 EL Reis (auf 300 g) mitzukochen, damit das Püree nicht zu flüssig ist. Den gedünsteten Fisch servieren Sie zusammen mit dem pürierten Gemüse, das Sie ringsherum in der Form oder auf einer Platte anrichten.

Kräuterschollen, in Wein gedünstet

4 Schollen, Zitronensaft, Salz, 5 EL Butter, 4 geschälte Zwiebeln, 1 Zitrone (unbehandelt), 2 T Weißwein, 2 EL Mehl, ¼ l Brühe (Würfel), 1 Joghurt (mit Zitronengeschmack), Petersilie, Schnittlauch, Kerbel, Dill, evtl. 2 EL Sahne

In einem großflächigen Topf die Butter erhitzen und die in Würfel geschnittenen Zwiebeln darin andünsten, Weißwein dazugeben und erhitzen. – Die vorbereiteten und geputzten Schollen auf die Zwiebelwürfel legen und darüber Schale der Zitrone abreiben. Den Topfdeckel auflegen und die Schollen 15 Min. dünsten, dann herausnehmen und auf der Platte warm stellen. Das Mehl im Fischsaft verquirlen, die Brühe einrühren und aufkochen. Den Joghurt darunterrühren und die gehackten Kräuter unterziehen, noch einmal aufkochen. Eventuell noch mit 2 EL Sahne verfeinern. Über die Schollen gießen, die Platte mit Petersilienkartoffeln und Zitronenschnitzen garnieren und servieren.

Gedünsteter Seelachs »Bali«

300 g Seelachsstreifen, küchenfertig, Salz, Zitronensaft, ¼ l Wasser, etwas Essig und 4 EL Zwiebelstreifen – Ananasstreifen, Krabben, gekochter Schinken, klein geschnitten, Reis, Mango Chutney, Kokosraspeln (leicht angeröstet)

Wasser mit Essig, Salz und Zwiebeln einmal aufkochen. Gesäuberte, gesäuerte und gesalzene Seelachsstreifen hineingeben, zugedeckt einmal aufkochen und 10 Min. ziehen lassen. Um die Fischfilets die obigen Zutaten in kleinen Schüsseln arrangieren.

Fettreiche Sommerheringe können Sie ohne Fettzugabe dünsten, sonst nehmen Sie etwas Butter dazu.

Heringe in Sahnesoße mit grünen Bohnen

10 grüne Heringe, Zitrone, Salz, geschälte und gewürfelte Zwiebeln nach Geschmack, etwas Suppenkraut, etwas Wein, abgeriebene Zitronenschale, Fischbrühe, 4 EL Mehl, ½ l Sahne, Zitronensaft, Salz, 1 Pr. Zucker, 1 Gläschen Kapern, 1 Pfund grüne Bohnen, flüssige Butter, Petersilie

Die geputzten, entgräteten Heringe vorbereiten und nach dem Säuern mit Zitronensaft 10 Min. stehen lassen. Inzwischen in einer feuerfesten Form auf dem Herd die Zwiebeln und das kleingeschnittene Suppenkraut mit etwas Wein andünsten (wenn die Heringe nicht fett sind – etwas Butter nehmen). Die Fische darauflegen, mit abgeriebener Zitronenschale bestreuen und bei ganz kleiner Hitze in 15 Min. gar dünsten. – Den Fischsaft in einen Topf abgießen und 4 EL Mehl anschwitzen, mit der Sahne ablöschen und zu einer dicken Soße aufkochen. Mit Zitronensaft, Salz, Zucker und Kapern würzen und die Soße über die Heringe gießen – in der Form servieren. Die geputzten und gewaschenen grünen Bohnen in Wasser mit Salz und Zucker mindestens 20 Min. kochen, abgießen, flüssige Butter und gehackte Petersilie darübergeben und mit den Heringen anrichten.

Majoran-Kabeljau mit Äpfeln

800g Kabeljaufilet, 1 Zitrone, Salz, 8 Äpfel, 1 Zitrone, ¼l Weißwein, Majoran, 50g Butter

Zuerst die Äpfel schälen, Kerngehäuse ausstechen, in dicke Ringe schneiden, mit dem Saft einer Zitrone beträufeln, damit sie sich nicht verfärben. Nun den Fisch vorbereiten, aber noch nicht salzen. – Eine verschließbare feuerfeste Form kräftig ausfetten, die Hälfte der Apfelringe auf dem Boden der Form verteilen. Die Hälfte des Weins darübergießen, mit Majoran bestreuen, den Fisch salzen und auf die gewürzten Apfelringe legen. Noch ganz wenig Majoran über den Fisch geben. Die andere Hälfte der Apfelringe auf den Fisch legen und den restlichen Wein darübergießen. Die feuerfeste Form verschließen und auf das Gitter (untere Schiene) stellen, in die Mitte des vorgeheizten Backofens schieben. Bei etwa 200 Grad 30 Min. dünsten.

Schollenfilets in Wermut

4 Schollen, Zitronensaft, Salz, 1 Dose Krabbenfleisch (200g), 4EL Butter, 2 geschälte Zwiebeln, ½T Wasser, ½T Wermut, 1EL Mehl, ¼l Sahne, 200g Champignons

Vom Fischhändler die Schollen filetieren lassen. Die Filets vorbereiten, die Krabben aus der Dose darauf verteilen, der Länge nach aufrollen und mit kleinen Holzzahnstochern zusammenhalten. – Die Butter in eine feuerfeste Form geben, auf der Kochplatte erhitzen. Die Zwiebeln würfeln und in der Butter dünsten. Nach etwa 5 Min. das Wasser und den Wermut abgießen. Die Schollenröllchen hineinsetzen, den Deckel auflegen und bei ganz milder Hitze in 15 Min. gar dünsten. Die Filetröllchen vorsichtig herausnehmen und warm halten. – In die Brühe einen mit der Sahne verrührten EL Mehl einrühren und aufkochen lassen. Die Champignons in der Soße erhitzen. – Die Schollenfilets auf einer vorgewärmten Platte servieren; auf jedes Röllchen 1 EL Soße geben und den Rest Soße getrennt reichen.

Aal auf Sauerkraut

1000 g Aal, Salz, Pfeffer, 2 geschälte Zwiebeln, 2 geschälte Knoblauchzehen, 3 EL Griebenschmalz, 1000 g Sauerkraut, 4 Wacholderbeeren, 2 Pimentkörner, 4 Pfefferkörner, 1 Lorbeerblatt, 1 Piccoloflasche Sekt, Salz, Pfeffer, ¼ l Sahne, 1 Bd. Dill

Zuerst das Schmalz in einem Topf erhitzen, die gewürfelten Zwiebeln und die durchgepreßten Knoblauchzehen dazugeben und glasig dünsten. Das Sauerkraut dazugeben, die Gewürzkörner, das Lorbeerblatt und den Sekt hineingeben; mit Salz und Pfeffer würzen; das Kraut mit den Zutaten mischen und noch einmal würzen. Bei mittlerer Hitze etwa 30 bis 35 Min. sanft kochen lassen. Den Aal haben Sie im Fachgeschäft abziehen und in 5 cm lange Stücke schneiden lassen. Nun mit Küchenkrepp abwischen; die Stücke dann salzen und pfeffern und auf das Sauerkraut legen. Den Topf zudecken und weitere 30 Min. ziehen lassen. – Die Sahne soviel schlagen, daß sie nicht mehr flüssig ist; mit dem feingehackten Dill vermischen. – Die Aalstücke herausnehmen, das Sauerkraut auf einer gewärmten Platte anrichten, die Aalstücke wieder darauflegen und auf jedes einen kräftigen Klecks Sahne geben.

Seelachs-Pichelsteiner

100 g Butter, 2 geschälte Zwiebeln, 250 g geputzte Möhren, 250 g geputzter Weißkohl, 2 Stangen Porree, geputzt, 2 Petersilienwurzeln, geschabt, 1 Sellerieknolle, geputzt, ¼ l Brühe (Würfel), 500 g geschälte Kartoffeln, Salz, Pfeffer, 1000 g Seelachsfilet, Zitronensaft, Salz

Die Butter in einem großen Topf erhitzen. Die gewürfelten Zwiebeln, das zerkleinerte Gemüse hineingeben und in dem Fett kräftig andünsten, dabei etwas mit Salz und Pfeffer würzen. Nun mit der heißen Brühe auffüllen und die in Scheiben geschnittenen rohen Kartoffeln auf das Gemüse schichten. Noch einmal würzen und bei geschlossenem Topf alles etwa 15 Min. dünsten lassen. – Das Fischfilet vorbereiten und dann auf die Kartoffelscheiben legen. Alles noch weitere 15 Min. dünsten. – Das »Pichelsteiner« vorsichtig auf eine vorgewärmte Platte heben und sofort servieren.
Grüner Salat oder Chicoréesalat passen gut dazu.

Schleie in Bischofssoße

1500 g Schleie, Zitronensaft, 1 Bd. Suppenkraut, ½ Tasse Wasser, 1 EL Butter, Salz, 50 g Butter, 3 geschälte Zwiebeln, 2 EL Mehl, ¼ l guter Rotwein, ¼ l Brühe (Würfel), 1 unbehandelte Orange, ½ unbehandelte Zitrone, Zucker, Salz, Orangensaft

Die Schleie vorbereiten, aber noch nicht salzen. Das Suppenkraut putzen, kleinschneiden und in einem Topf mit etwas Butter und Wasser andünsten. Die Schleie innen und außen salzen, auf das Würzbett legen und in etwa 20 Min. gar dünsten. – Inzwischen für die Soße die Butter in einem Topf erhitzen und die feingehackten Zwiebeln glasig dünsten, zwei EL Mehl anschwitzen und gelb werden lassen. Dann mit Brühe und Rotwein ablöschen, kräftig aufkochen lassen. Das Abgeriebene von einer Orange und von einer halben Zitrone dazufügen und mit etwas Zucker, Salz und Orangensaft abschmekken. – Die Schleie vorsichtig aus dem Topf nehmen, auf eine vorgewärmte Platte legen und garniert mit Zitronenscheiben und Orangenscheiben servieren. Dazu die durch ein Sieb gestrichene Soße reichen.

Kabeljaufilet – »Managua«

800 g Kabeljaufilet, Zitronensaft, Salz, Pfeffer, 75 g Räucherspeck, 1 EL Butter, 300 g Tomaten, 300 g Bananen (ohne Schale), Knoblauchsalz, etwas Pfeffer, 1/8 l Weißwein, 2 EL Rum, 1 Bd. Dill, Reis mit Butter

Den Fisch vorbereiten; salzen und pfeffern, aber erst, wenn er in den Topf kommt. Den Speck sehr fein würfeln und in einem Topf mit der Butter zusammen auslassen. Die Tomaten am Stielende kreuzweise einschneiden, mit kochendem Wasser überbrühen, kalt abschrecken und häuten. Die Bananen schälen. Tomaten und Bananen in Scheiben schneiden, zum Speck geben und kurz mitdünsten. – Jetzt den Fisch darauflegen, mit Weißwein und Rum übergießen, mit Knoblauchsalz und noch etwas Pfeffer würzen. Den Deckel auflegen und bei ganz geringer Hitze noch etwa 15 Min. dünsten. Die Filets vorsichtig herausnehmen. Butterreis haben Sie inzwischen nach Vorschrift gekocht – eine vorgewärmte Platte damit bestreichen und die gedünsteten Tomaten- und Bananenscheiben auf den Reis geben, die Fischfilets darauflegen. Heiß servieren.

Fischklöße

Im Anschluß an diese empfehlenswerten Rezepte über Dämpfen und Dünsten möchte ich Ihnen noch Fischklöße vorstellen, die ein typisches Beispiel für diese Garmethode sind. Alle nordischen Landesküchen kennen Rezepte für Fischklöße, die dort sehr beliebt sind. Es bot sich von selbst an, schmackhafte Fischreste durch Gewürzbeigaben und Zugaben von Brot, Ei oder Kartoffeln zu verändern; die einfachste Form, einfacher als zum Beispiel ein Fischauflauf, war dafür der Kloß.
Das *Grundrezept* für Fischklöße ist einfach:

500 g Fischreste, 2 Brötchen, ¼ l Milch, 1 geschälte Zwiebel, 2 geschälte Möhren, Kräuter aus dem Küchenvorrat, 2 Eier, Salz, Pfeffer

Die Fischreste von Haut und Gräten befreien. Die Brötchen in Milch einweichen. Fisch, ausgedrückte Brötchen, Zwiebelstücke und die Möhren durch den Fleischwolf drehen. Mit Kräutern, Salz und Pfeffer würzen und die Eier darunterkneten. Ist die Masse zu flüssig, dann können Sie Haferflocken oder Paniermehl dazugeben, ist sie zu trocken, dann fügen Sie etwas Milch hinzu. Mit bemehlten Händen Klöße formen und in einem Topf, reichlich mit simmerndem Salzwasser gefüllt, nur kurze Zeit ziehen lassen.

Tip: Das übriggebliebene Fischfleisch wird mit Zitronensaft oder mit wenig Essig beträufelt gut zugedeckt in den Kühlschrank gestellt. Es hält sich aber nur kurze Zeit.

Das Grundrezept für die Soße dazu:

30 g Butter, 30 g Mehl, ¼ l Kochsud, ⅛ l flüssige Sahne, 2 Eigelb, Kapern, Salz, Pfeffer, Schnittlauchröllchen

Die Butter in einem kleinen Topf heiß werden lassen, das Mehl anschwitzen und mit dem Kochwasser klümpchenfrei ablöschen. Aufkochen und 3 Min. durchkochen. Die Sahne mit den Eigelb verrühren und die Soße damit binden. Nicht mehr kochen. Mit Kapern, Salz und Pfeffer würzen. Zum Anrichten noch Schnittlauchröllchen darüberstreuen.

Merken Sie sich:

- Die Klöße müssen ganz fest, ohne Risse geformt werden, da sie sonst leicht zerfallen.
- Die Klöße geben nach dem Garen noch Saft ab, deshalb ist es gut, wenn die Soße dicklich ist.
- Die Klöße nicht zu lange ziehen lassen.
- Am besten einen Probekloß formen und ziehen lassen, um zu sehen, ob die Masse gut bindet und wie lange die Garzeit ist.

Fischklößchen mit Mandeln

500 g Goldbarschfilet, 60 g geschälte Mandeln, 3 Eier, 1 Tasse Paniermehl, 2 gr. geschälte Zwiebeln, 1 TL Zucker; Salz, Pfeffer, 1 Beutel »Hühnerbrühe« (Fertigprodukt) für 1 l, gehackte Petersilie

Fischfilets waschen und säubern, zusammen mit den Mandeln hacken und schließlich durch den Fleischwolf drehen. Die Eier in eine Schüssel schlagen, Paniermehl und geriebene Zwiebeln darunterrühren, mit Zucker, Salz und Pfeffer abschmecken. – 1 l Hühnerbrühe nach Anweisung herstellen, in der kochenden Brühe die mit bemehlten Händen geformten *kleinen* Klößchen gar ziehen lassen.

In der Brühe servieren und mit gehackter Petersilie bestreuen. Dazu: getoastetes, gebuttertes Weißbrot und Kopfsalat reichen.

Fischklöße mit Käsesoße

1 P. tiefgek. Fischfilet, 1 P. Kartoffelpulver »Rohe Klöße« (Fertigprodukt), 3/8 l Wasser, 1 P. tiefgek. Suppengrün, Salz, Pfeffer, 1 Bd. Dill, Salzwasser, 1 P. Fertigsoßenpulver »Holländische Soße«, 2 Ecken Schmelzkäse »Doppelrahm«, Salz, Pfeffer, Paprika

Fischfilets auftauen lassen und durch den Fleischwolf geben. Kartoffelpulver in kaltes Wasser einrühren. Fisch, aufgetautes Suppengrün zufügen, gut würzen und gehackten Dill darunterziehen. Nach Vorschrift quellen lassen. Mit bemehlten Händen 8 Klöße formen, ins kochende Salzwasser geben, Hitze zurückschalten, Klöße 20 Min. ziehen lassen. – Die »Holländische Soße« nach Anweisung zubereiten und in der heißen Soße die Käseecken auflösen, noch einmal abschmecken. Dazu: Salzkartoffeln und Selleriesalat.

Fischklößchen in Weinsoße

500g Seefischfilet, 1 Zitrone, 50g Rindermark, 50g durchwachs. Speck, 2 eingeweichte Brötchen, 1/4 l Milch, Salz, Pfeffer, 2 geschälte Zwiebeln, etwas Salbei, 1 Bd. Petersilie, 2 Eier, Salzwasser

Filets säubern und säuern. Mit dem Rindermark, dem Speck, den ausgedrückten Brötchen durch den Wolf drehen. Masse mit Salz, Pfeffer, geriebenen Zwiebeln, Salbei, gehackter Petersilie und ganzen Eiern gut vermischen. Klößchen formen und in leise kochendem Salzwasser ca. 10 Min. ziehen lassen.

Dazu:
Weinsoße

3 EL Butter, 3 EL Mehl, Fischbrühe, Salz, Zucker, Weißwein nach Geschmack, süße Sahne, Senf

Butter erhitzen, Mehl anschwitzen, mit etwas Fischbrühe ablöschen. Mit Salz, Zucker und Weißwein, Menge nach Geschmack, würzen. 3 Min. kochen lassen. Mit reichlich Sahne und mit Senf abschmecken. Noch einmal mit Wein nachwürzen.

Fischklößchen in Helgoländer Soße

50 g Butter, 1 grüne und 1 rote Paprikaschote, 40 g Mehl, ¼ l Fischsud, ¼ l saure Sahne, Salz, Zucker, süßer Paprika, ½ Zitrone, 125 g Krabbenfleisch, 500 g Fischfilet, 2 in Milch aufgeweichte Brötchen, 1 Ei, etwas Mehl, Kartoffelstärke

In einem Topf 50 g Butter heiß werden lassen, Paprikaschoten putzen, waschen, würfeln und in Butter andünsten. Mehl hineinrühren und gelb anschwitzen, mit ¼ l heißem Fischsud (von dem inzwischen gegarten Fischfilet) ablöschen, etwa 10 Min. leise kochen. Vom Feuer nehmen. Die Sahne einrühren, mit den Gewürzen und etwas Zitronensaft abschmecken und die Krabben hineingeben. Heiß halten, aber nicht mehr kochen.
Fischfilet in Salzwasser garen, abtropfen lassen, zerpflükken und mit den ausgedrückten Brötchen und dem Ei gut mischen. Etwas Mehl hinzufügen und darunterkneten. Klöße formen und in wenig Kartoffelstärke drehen. In dem Salzwasser vom Fischfilet garen und in der Soße noch ein wenig ziehen lassen. Dazu Petersilienreis geben.

Fischklopse in Heringssoße

500g filetierte, entgrätete grüne Heringe, Paniermehl, 1 Ei, 80g Butter, 70g Mehl, 1 l Brühe, 1 gutgewässerter Salzhering, Essig, Salz, Zucker, Pfeffer

Heringe zweimal durch den Fleischwolf drehen, soviel Paniermehl und Ei zugeben, daß sich Klöße formen lassen. Butter erhitzen, Mehl anschwitzen, mit 1 l Brühe ablöschen und 10 Min. durchkochen lassen. Nach 8 Min. den zweimal durch den Fleischwolf gegebenen Salzhering in die Soße geben und noch 2 Min. mitkochen lassen. Die Soße mit Essig, Salz, Zucker und Pfeffer kräftig abschmekken. Die Klöße einlegen und in der Soße garziehen lassen.
Dazu: Petersilienkartoffeln und Weißkohlsalat.

Pikante Fischnockerln

800g Seelachsfilet, 1 EL weiche Butter, 3 EL Sahne, Salz, Pfeffer, 2 EL abgeriebene Zitronenschale, 4 Eiweiß, 2 P. »Holländische Soße« (Fertigprodukt), ½ l Milch, 1 Gläschen Kapern, 1 EL Butter, Muskat, 3 EL süße Sahne, 1 EL feingeschn. Schnittlauchröllchen

Fischfilet im Mixer kurz aber fein pürieren. Butter, Sahne, Gewürze und abgeriebene Zitronenschale einrühren. Eiweiß sehr steif schlagen und unter Masse ziehen. – »Holländische Soße« mit der Milch nach Vorschrift zubereiten, Kapern, Butter, geriebene Muskatnuß und Sahne zufügen. – Mit einem Eßlöffel Nockerln von der Fischmasse abstechen, mit einem zweiten Löffel formen, alle in die Soße geben und ziehen (aber nicht kochen) lassen. Zum Servieren mit Schnittlauchröllchen bestreuen.
Dazu: Würziger Kartoffelbrei und Endivien-Tomaten-Salat.

Das Schmoren von Fischen

Noch vor knapp 60 Jahren ließen Hamburger Dienstmädchen in ihren Einstellungsvertrag aufnehmen, daß sie »nicht mehr als zweimal die Woche Lachs zu essen« bekämen. Damals gab es noch reichlich Personal und in der Elbe reichlich Lachse. – Heute gibt es weder das eine wie das andere. Beide sind gesucht und so selten wie Perlen.

Das Schmoren steht zwischen dem Dünsten und dem Braten von Fischen, nur – und das ist wichtig –, Fett spielt dabei eine bedeutende Rolle. Diätetisch ist es nicht bedenklich zu schmoren, denn der an sich fettarme Fisch kann wohl etwas Fettzugabe vertragen. So sind alle Aufläufe mit Fisch Schmorgerichte – hier beschränkt sich die Fettzugabe auf das Ausbuttern der Auflaufform, auf das Auslegen oder Darüberlegen von Speckscheiben oder auf das Aufsetzen von Butterflöckchen auf den Auflauf.
Sie können bei verschließbaren Formen oder schweren, gutschließenden Töpfen den Auflauf auf dem Herd schmoren oder – als offene Form – in den Backofen stellen.
In den Kochbüchern, die ich von meiner Mutter und meiner Großmutter geerbt und aus denen ich viele Rezepte übernommen und modernisiert erneut erprobt habe, gehen die Begriffe für den heutigen Betrachter völlig durcheinander. Das bedeutet vielleicht, daß man früher einfacher dachte und kochte und nicht so präzise Bezeichnungen brauchte, weil man einfach Zeit und Lust zum Kochen hatte. So finde ich z. B. Überschriften wie folgende: »im Ofen garen«, »im Ofen schmoren«, »auf dem Herd zu schmoren«, »im Ofen backen«, »in der Auflauf-

schüssel schmoren«, »in der Form backen«. Letztlich meinte die Köchin immer dasselbe: nämlich mit Fett in einem Topf (heute meist in der »feuerfesten Form«, aber auch in der Kasserolle) schmoren.
In den folgenden Rezepten werde ich nach den Originalrezepten auch die erwähnten verschiedenen Garungsausdrücke verwenden: Sie wissen dann – es ist immer »schmoren« gemeint. – Aber etwas hat die moderne Küchentechnik doch als neue Erkenntnis gebracht: das *Vorheizen des Backofens* ist eigentlich überhaupt nicht nötig. Die durchschnittliche Vorheizzeit dauert etwa 15 bis 20 Minuten. Zum Garen eines Fisches benötigen Sie dann 20 Minuten. Dies sind insgesamt 35 bis 40 Minuten Stromverbrauch. Stellen Sie den Fisch in den kalten Ofen, dann braucht er aber zum Garwerden nur 30 bis 35 Minuten.

Das Grundrezept

Fischgerichte von See- und Flußfischen aller Art lassen sich durch Schmoren sehr schmackhaft zubereiten, dabei braucht der Fisch kein Wasser, sondern nur Fett. Der nach der »3-S-Methode« vorbereitete und gewürzte Fisch wird in eine Auflaufform gelegt, die dick ausgebuttert wurde. Unter den Fisch legen Sie nach Geschmack einige in Scheiben geschnittene Zwiebeln, Gewürzkörner, 1 Lorbeerblatt u.ä. – Die Form wird auf den Bratrost gestellt und in die mittlere Schiene des nicht vorgeheizten Backofens oder in die untere Schiene eingeschoben. Der Fisch wird mit Speckscheiben belegt, mit Butter bestrichen oder auch zusätzlich mit Alufolie abgedeckt.

Hamburger Fischfilet

500 g Fischfilet, 1 Zitrone, Salz, Pfeffer, 250 g Schinkenspeck, ¼ l Sherry, 1 Dose geschälte Tomaten, 3 gr. geschälte Zwiebeln, 1 Becher Sahne (ca. 100 g), 4 EL Tomatenketchup, 1 TL getrockneter Estragon, 1 Bd. Petersilie, evtl. noch etwas Sherry, evtl. ½ EL Speisestärke

Das Fischfilet vorbereiten, zusätzlich pfeffern und in große Würfel schneiden, dabei noch entgräten, falls erforderlich. Den Schinkenspeck in Scheiben schneiden, in einer großen Pfanne braun braten und dann mit dem Sherry ablöschen. Die in Scheiben geschnittenen Tomaten und Zwiebeln über die Pfanne verteilen, die gewürzten Fischstücke darauflegen und mit dem Pfannendeckel schließen. Bei milder Hitze 15 Min. sanft schmoren lassen. Nun die Sahne mit dem Ketchup und 1 TL getrocknetem Estragon gut verrühren; über die Fischstücke gießen. Nochmal 15 Min. schmoren, aber nicht kochen lassen, sonst gerinnt die Sahne. Sie können, wenn alles verdunstet ist, noch etwas Sherry nachgießen oder, wenn zuviel Flüssigkeit vorhanden ist, diese mit Speisestärke in Wein angerührt, binden. Mit der feingehackten Petersilie bestreut servieren.

Chinesisches Ragout

400 g Rotbarschfilet, 400 g Seelachsfilet, 1 Zitrone, Salz, 2 gr. geschälte Zwiebeln, 4 EL Öl, 4 EL Sojasoße, 2 EL Schlehenfeuer-Likör, ¼ l Fleischbrühe (Würfel), 1 EL Speisestärke, 5 EL Sahne, Zitronensaft, 2 EL Schlehenfeuer

Die Zwiebeln würfeln, in heißem Öl in einem großen Topf andünsten. – Inzwischen die Fischfilets vorbereiten und in Längsstreifen schneiden. Die Hitze zurückschalten.

Die Zwiebelwürfel mit Sojasoße und Schlehenfeuer ablöschen. Nun die Filetstreifen hineingeben und 10 Min. schmoren, etwa $\frac{1}{4}$l heiße Brühe zugießen und weitere 5 Min. schmoren lassen. Die Speisestärke mit der Sahne anrühren. Den Schmortopf an einem Griff hochheben und schrägstellen, damit sich die Flüssigkeit auf einer Seite sammelt und mit der angerührten Speisestärke binden. Nicht mehr kochen lassen. Die Fischwürfel noch 5 Min. in der Soße ziehen lassen.

Makrelen – gekräutert

4 Makrelen, 1 Zitrone, Salz, Senf, Pfeffer, Thymian, Petersilie, Schnittlauch, Estragon, 100 g Butter, $\frac{1}{8}$ l Hühnerbrühe (Tüte oder Würfel), 1 Zitrone, in Achtel geschnitten

Die Makrelen ausnehmen und putzen lassen. Zu Hause vorbereiten, zusätzlich innen und außen dünn mit Senf bestreichen und pfeffern. Die Kräuter fein hacken, mischen – die Makrelen innen damit ausstreuen. In einer Kasserolle die Butter flüssig werden lassen, die Fische hineinlegen und in der Kasserolle ca. 15 Min. im Backofen schmoren lassen. Danach die heiße Hühnerbrühe darangießen und die Makrelen in der offenen Kasserolle bei stärkerer Hitze 10 Min. bräunen lassen. Herausnehmen, auf einer vorgewärmten Platte anrichten und mit den restlichen gehackten Kräutern bestreuen; mit Zitronenachteln garnieren.
Dies ist ein kompliziert erscheinendes Gericht, das aber doch einfach und schnell zuzubereiten ist, wenn Sie alle Zutaten griffbereit haben. Sie können dafür auch beliebigen Seefisch verwenden.

Kochfisch als Auflauf mit Senfsoße

1000 g Seefisch, Zitrone, Salz, 5 geschälte Zwiebeln, 70 g Butter, 60 g Butter, 60 g Mehl, ¼ l Brühe (vom Würfel), ⅛ l Sahne, 30 g zerlassene Butter, 3 TL heller scharfer Senf, Salz, Pfeffer, 1 Zitrone, Zucker nach Geschmack, 1 TL Meerrettich, gerieben, 2 Pakete »Kartoffelpüree« (Fertigprodukt), 30 g Käse, gerieben, 100 g Butter für Butterflöckchen

Den Fisch nach Vorschrift vorbereiten (»3-S-Methode«), in große Stücke teilen und in wenig Wasser etwa 7 Min. angaren. Herausnehmen und sorgfältig von Haut und Gräten befreien; in kleinere Stücke teilen. – Die Zwiebeln in Scheiben schneiden und in der heißen Butter golden rösten – Fischstücke und Zwiebeln vorsichtig mischen. Das Kartoffelpüree nach Vorschrift zubereiten. In der heißen Butter (60 g) das Mehl hell anschwitzen, mit der Brühe ablöschen. Mit dem Schneebesen die Sahne und die zerlassene Butter in die Brühe schlagen. Die Soße mit den Gewürzen pikant abschmecken. In eine feuerfeste Form zuerst den Zwiebelfisch schichten, dann Kartoffelpüree, darauf Soße und dann wieder Fisch usw. Die letzte Schicht soll Püree sein, das mit geriebenem Käse bestreut und reichlich mit Butterflöckchen besetzt wird. – Die Form in den vorgeheizten Ofen schieben und backen, bis die obere Schicht goldbraun ist.

Karpfen in Rotwein

4 Pfund Karpfen, 1 Zitrone, Salz, Pfeffer, 6 EL Öl, 1 Stange Porree, 1 gr. geschälte Zwiebel, 1 Bd. Suppenkraut mit Möhren, 6 EL Öl, 1 Dose Tomatenmark, 1 geschälte Knoblauchzehe, ½ l Rotwein, 1 Lorbeerblatt, einige Körner Koriander, 2 bis 3 EL Speisestärke, 1 Bd. Petersilie

Den Fisch vom Händler küchenfertig machen lassen. Zu Hause vorbereiten und zusätzlich etwas pfeffern. Gut abgetupft in einem flachen Bräter (am besten eine feuerfeste Form) in heißem Öl ca. 10 Min. nicht zu stark braten. – Inzwischen das Gemüse putzen und zerkleinern, in heißem Öl andünsten, das Tomatenmark hineingeben und ebenso die zerquetschte Knoblauchzehe. Den Rotwein daraufgießen und mit den Gewürzen ca. 10 Min. köcheln lassen. Nun das Gemüse mitsamt dem Rotwein über den angebratenen Fisch geben und auf schwacher Hitze schmoren. Die Stärke mit etwas Rotwein anrühren und die Brühe damit binden. – Wenn Sie eine feuerfeste Form benutzt haben, können Sie darin den Karpfen servieren. Das Gericht mit feingehackter Petersilie überstreuen. Sehr gut schmeckt dazu ein gewürzter Butterreis.

Römische Schollenfilets

30g Butter, 6 Schalotten, Salz, Pfeffer, 12 Schollenfilets, 1 Zitrone, Salz, 30g Butter, 3 Spritzer Angostura bitter, 1/8 bis 1/4 l Vermouth bianco, 1TL Rosmarin, 2 Päckchen »Helle Soße« (Fertigprodukt), süße Sahne, flüssig

Eine feuerfeste Form mit Butter ausstreichen, die feingehackten Schalotten in der Form verteilen und würzen. Die vorbereiteten Schollenfilets darauflegen und mit Butterflöckchen besetzen. Mit Angostura würzen. Vorsichtig Vermouth angießen, Menge je nach Größe der Form. Nun die Filets mit etwas Rosmarin bestreuen (vorsichtig verwenden). Die Form auf dem Tragegitter in die Mittelschiene des vorgeheizten Backofens schieben und bei 200 Grad etwa 15 Min. schmoren. Dann die Filets auf einer vorgewärmten feuerfesten Platte anrichten und warm stellen. Die »helle Soße« mit dem Bratenfonds (mit Sahne auffullen) nach Vorschrift zubereiten, etwas Soße über die Schollenfilets gießen und die Platte bei starker Oberhitze mit dem Tragegitter in die obere Schiene schieben; die Schollenfilets noch 5 Min. überbacken. Die restliche Soße servieren.

Fisch-Gemüse-Auflauf

1000 g Rosenkohl, Salzwasser, Zucker, 800 g Fischfilet, 1 Zitrone, Salz, Pfeffer, 100 g Butter zum Ausfetten, 500 g geschälte rote Kartoffeln, in dünne Scheiben geschnitten, Käsesoße, Petersilie

Den Rosenkohl putzen und waschen. In kochendes Salzwasser (mit einer Prise Zucker, dann bleibt er frisch-grün) geben. 10 Min. sprudelnd kochen. Wasser abschütten, Rosenkohl kalt abschrecken und grob hacken. Das Fischfilet vorbereiten und pfeffern; in große Stücke schneiden. Eine Auflaufform dick ausbuttern. Zuerst mit dünn geschnittenen Kartoffelscheiben auslegen, dann Rosenkohlmasse, darauf Fischstücke, noch einmal Rosenkohlmasse, schließlich wieder Kartoffelscheiben. Mit der inzwischen zubereiteten Käsesoße begießen und im vorgeheizten Backofen bei 200 Grad 30 Min. schmoren. Mit gehackter Petersilie bestreuen und mit der restlichen Käsesoße servieren.

Kabeljaukoteletts in Reis mit Biersoße

200 g Patna-Reis, 4 EL Öl, 2 geschälte Zwiebeln, ½ l Brühe (Würfel), Salz, etwas Safran, Butter zum Ausfetten, 4 große Kabeljaukoteletts, 1 Zitrone, Salz, 100 g fetter Speck, ausgelassen, Pfeffer, ½ l dunkles Bier, 4 geschälte Tomaten, 1 EL Speisestärke, Petersilienzweige

Den Reis und die gewürfelten Zwiebeln im heißen Öl glasig dünsten. Die heiße Brühe aufgießen, einmal aufkochen. Bei geschlossenem Deckel und bei schwacher Hitze in 15 Min garen. Etwas salzen und mit wenig Safran färben. Eine Auflaufform (länglich) ausfetten, den Reis einfüllen. Die vorbereiteten Kabeljaukoteletts darauflegen, den ausgelassenen Speck – Grieben und Fett – darübergießen, etwas pfeffern. ¼ l Bier angießen, in den vorgeheizten Backofen stellen und bei 200 Grad etwa 15 Min. schmoren. Das restliche Bier hineingießen und weitere 5 Min. schmoren, vorher noch je eine Tomate in die Ausbuchtung der Koteletts legen und mit heiß werden lassen. Mit zwei Bratenwendern die Koteletts auf dem Reis festhalten und die Flüssigkeit vorsichtig abgießen. Mit Stärke binden. In der Form, mit Petersilienzweigen garniert, servieren.

Gespickter Schellfisch

1500 g Schellfisch, 1 Zitrone, Salz, 150 g durchwachsener geräucherter Speck, Pfeffer, Senf, 1 eingelegte rote Paprikaschote, 100 g Butter, ¼ l Brühe (Würfel), ⅛ l Madeira-Wein, 1 EL Speisestärke, 1 Bd. Petersilie

Den Schellfisch nach der »3-S-Methode« vorbereiten. Den Speck – vorher in den Kühlschrank legen – in Streifen für die Spicknadel schneiden. Den Schellfisch in seiner oberen Hälfte (Rücken) spicken. Innen und außen pfeffern und mit Senf bestreichen. Die in Streifen geschnittene Paprikaschote über den Fisch legen. In einer feuerfesten Form 100 g Butter flüssig machen, den Schellfisch hineinlegen. Die Form in den Backofen stellen und bei 200 Grad 12 Min. lang kräftig dünsten. Dann die heiße Brühe und den Wein angießen. Weitere 20 Min. schmoren lassen. Die

angesammelte Flüssigkeit mit 1 EL Stärkepuder (oder etwas mehr) binden. Mit feingehackter Petersilie bestreuen – in der Form servieren.
Beilagen: Petersilienkartoffeln mit Butter und Gurkensalat.

Rotbarschröllchen auf Spinat mit Krabben

2000 g Rotbarschfilets, 1 Zitrone, Salz, Pfeffer, ⅛ l trockener Sekt, 30 g Butter, 500 g Blattspinat, 30 g Butter, 1 geschälte Zwiebel, 100 g Krabbenfleisch, Salz, Pfeffer, Muskat, Crème fraîche

Die Rotbarschfilets vorbereiten und zusätzlich pfeffern. Drehen Sie die Filets zu Röllchen, wobei Sie die Hautseite innen lassen, mit einem Hölzchen feststecken. Eine Auflaufform mit 10 g Butter (von den 30 g nehmen) ausstreichen, die Röllchen in die Form setzen, nochmals pfeffern, den Sekt darübergießen und restliche 20 g Butter in Flöckchen darauf verteilen. Mit Alufolie abdecken und auf nicht zu stark erhitzter Platte 15 Min. schmoren. Inzwischen den Spinat verlesen, gut waschen und leicht abgetropft in einem Topf auf der heißen Platte zusammenfallen lassen. Nun 30 g Butter erhitzen, Zwiebelwürfel und Krabben in das heiße Fett geben und goldbraun werden lassen. Alles zum Spinat geben, umrühren und noch etwas ziehen lassen. Mit Salz, Pfeffer und Muskat gut würzen. Auf einer flachen Schüssel anrichten. Die Rotbarschröllchen auf den Spinat setzen. – Den Fischsaft aus der Auflaufform mit etwas Crème fraîche verfeinern und über die Röllchen gießen.

Forelle mit Bananen und Zitronensoße

4 gr. Forellen, 1 Zitrone, Salz, 1 T. Olivenöl, Pfeffer, 1 Bd. Petersilie, Butter für das Backblech, 100g Butter, 4 geschälte Bananen, 4 geschälte Tomaten, 12 gefüllte Oliven, 2 geschälte Zwiebeln, Salz, Zucker, Zitronensaft, 2 T. geriebener Gouda

Vom Fischhändler die Forellen vom Rücken her entgräten, Kopf und Flossen abschneiden und ausnehmen lassen. – Zu Hause die Fische vorbereiten (»3-S-Methode«), trockentupfen und gut außen und innen mit Öl bestreichen und pfeffern. Die feingehackte Petersilie auf die Innenseiten streuen. Das Backblech gut buttern und die Forellen auseinandergedrückt nebeneinander mit den geölten Innenseiten auf die gebutterte Fläche legen. Ein Stück Alufolie darüber ausbreiten, in den Backofen schieben, bei 200 Grad 15 Min. schmoren. – Inzwischen Bananen, Tomaten und Oliven in Scheiben schneiden, die Zwiebel würfeln und alles würzen. 100g Butter in einem Topf erhitzen und die Masse in 5 Min. unter ständigem Rühren kräftig dünsten. Nun die Folie von den Forellen nehmen und die Gemüse/Obst-Masse auf die Fische geben, aber so, daß Sie erkennen können, wo die Fische liegen, dann erleichtern Sie sich das Herausnehmen und das Servieren. Über die Masse den geriebenen Käse streuen und noch 10 Min. – am besten bei starker Oberhitze – backen. Dazu reichen sie eine pikant-würzige Zitronensoße (s. S. 54).

Rotbarsch mit Hecht-Mousseline

4 Pfund Rotbarsch, 1 Zitrone, Salz, Pfeffer, 300g Hechtfilet, 1 Eiweiß, Salz, Pfeffer, ¼ l Sahne, 1 TL Tomatenmark, 4 Scheiben Blätterteig, Butter zum Ausfetten, 1 T Weißwein, 1 Eigelb, 2 Päckchen »Holländische Soße«, 2 Eigelb, 1 EL Estragon

Vom Fischhändler den Rotbarsch küchenfertig machen, d. h. auch Kopf, Flossen, Schwanz entfernen lassen und die Haut abziehen. Zu Hause entfernen Sie sorgfältig die Mittelgräte, indem Sie mit einem langen scharfen Messer von der Kopfseite her zwischen Gräten und Fleisch hineinfahren und vorsichtig vom Rücken her nach unten schneiden. Dann von der Mittelgräte nach oben, aber nur so weit, daß Sie das ganze Grätenskelett herausnehmen können. Mit der Pinzette entfernen Sie noch die übrigen Gräten. Nun vorbereiten und pfeffern.
Für die Mousseline das Hechtfilet entgräten; dann in den Mixer geben und zusammen mit dem Eiweiß pürieren. Etwas würzen. Im Kühlschrank über 1 Stunde sehr kalt stellen. Nun nach und nach die Sahne hineinarbeiten, immer wieder kalt stellen, sonst schmiert die Masse. Mit dem Tomatenmark rosa färben. Bis zur weiteren Verarbeitung wieder kalt stellen. Den Blätterteig auftauen, dann die Stücke aneinanderlegen und zu einem Band ausrollen. – Eine große flache feuerfeste Form dick ausbuttern. Den Weißwein einfüllen. Den Rotbarsch auseinanderklappen und mit der Mousseline füllen. Den Fisch in die Form legen. Den Rand anfeuchten und das Blätterteigband rundherum legen. Mit Eigelb bestreichen und dann mit Folie abdecken. Die Form in den vorgeheizten Backofen schieben und bei 200 Grad 20 Min. schmoren lassen.
Die Soße nach Vorschrift zubereiten, mit Eigelb legieren und Estragon einrühren.

Heilbuttschnitten in Apfelsinensoße

4 Heilbuttschnitten (je 250 g), 1 Zitrone, Salz, 1 geschälte Knoblauchzehe, Pfeffer, Salz, 1 Bd. Melisse, etwa 6-8 EL Paniermehl (Semmelbrösel), 100 g Butter für die feuerfeste

Form, 4 Apfelsinen ausgepreßt, 100 g Butter für Butterflöckchen, 1 Apfelsine geschält und geteilt

Die Fischschnitten vorbereiten und nur innen salzen. Die Knoblauchzehe halbieren und für den Heilbutt auf den Schnittflächen ringsum einreiben. Nun obenauf salzen, mit der gehackten Melisse und dem Paniermehl bestreuen. – Eine feuerfeste Glasform mit 100 g Butter ausstreichen, die Heilbuttschnitten vorsichtig hineinlegen und den Saft von 4 Apfelsinen so angießen, daß weder Kräuter noch Paniermehl weggespült werden, den Fisch mit Butterflöckchen besetzen. Mit dem Deckel verschließen; die Form auf den Rost (unten) setzen und bei 200 Grad etwa 30 Min. schmoren. Auf einer vorgewärmten Platte, mit Apfelsinenschnitzen dekoriert, servieren.
Dazu gibt es Petersilien- oder Bratkartoffeln und grünen Salat.

Badischer Hecht

1000 g Fischfilet, 1 Zitrone, Salz, Butter für die Platte, mittelscharfer Senf, 1 Gewürzgurke, 100 g durchwachsener geräucherter Speck, Tomatenmark, Paniermehl, 2 geschälte Zwiebeln, Butter für Flöckchen, geriebener Käse

Die Fischfilets vorbereiten; die Hälfte der Filets auf eine gebutterte feuerfeste Platte legen, mit Senf bestreichen. Die Gewürzgurke in Scheiben darauf verteilen und die ausgelassenen Speckwürfel darübergeben. Nun mit den restlichen Fischfilets bedecken. Die oberen Filets und den Rand mit Tomatenmark bestreichen, die in Scheiben geschnittenen Zwiebeln als Ringe darauflegen, mit Butterflöckchen besetzen, und mit dem geriebenen Käse bestreuen. Die Platte auf dem Rost in den vorgeheizten Backofen in die untere Schiene schieben. Bei 200 Grad etwa 30 Min. schmoren.

Karpfen in Dill-Sahnesoße

1 Karpfen (1500 g), Salz, 1 Zitrone, 50 g Butter, 30 g Mehl, 1 EL Paprika edelsüß, Butter zum Ausfetten, ¼ l Brühe (Würfel), ½ l süße Sahne, 1 EL Speisestärke, 2 Bund Dill, evtl. noch etwas Sahne

Den Karpfen vorsichtig ausnehmen (an die Galle denken!), mit viel Salz und einem Frotteetuch abreiben, die Flossen stutzen und die großen Schuppen entfernen. Unter fließendem Wasser gut waschen, mit Küchenkrepp trockentupfen, innen salzen, und mit Saft einer Zitrone – auch außen – beträufeln. An beiden Seiten in zweifingerbreiten Abständen unterhalb der Mittelgräte schräg einschneiden. Die Einschnitte salzen und 50 g Butter hineinstreichen. Mehl und Paprika mischen und den Karpfen damit übersieben. Eine große feuerfeste Form ausbuttern, den Karpfen in Schwimmstellung hineinsetzen (dies gelingt, wenn Sie Alufolie zu einem tassengroßen Ball zerknüllen und in die Bauchhöhle legen). Die Brühe angießen, die Form in den vorgeheizten Ofen schieben und bei 200 Grad 40 Min. schmoren. Falls die Haut zu trocken wird, mit flüssiger Butter bepinseln. – Die Sahne mit der Speisestärke verrühren, erwärmen, bis sie andickt, vom Feuer nehmen und den gehackten Dill darunterrühren. Evtl. noch etwas geschlagene Sahne darunterziehen. – Den Karpfen auf einer vorgewärmten Platte anrichten, mit etwas Sahnesoße übergießen, die restliche Soße getrennt dazu reichen. Mit Butterreis zu Tisch geben.

Aal in Tomatensoße

2 mittelgroße frische Aale, 60 g Butter, 2 EL Mehl, 1 Bd. Petersilie, 100 g durchwachsener geräucherter Speck, 2 geschälte

Zwiebeln, 1 Zitrone, 3 El Olivenöl, 3 EL Tomatenmark, 1 kl. Becher (⅛l) Crème fraîche, Salz, ½TL Zucker, Pfeffer

Die Aale im Fachgeschäft abziehen und ausnehmen lassen. Zu Hause unter fließendem Wasser gut waschen, mit Küchenkrepp trocknen und über den Stiel eines Holzlöffels zu einer Schnecke zusammendrehen. Kopf und Schwanz mit eingestochenen Rouladen-Nadeln festhalten.
Eine feuerfeste Form dick mit Butter ausfetten, 2 EL Mehl hineinsieben, die gehackte Petersilie einstreuen, ebenso den gewürfelten Speck und die gewürfelten Zwiebeln. Darauf die Aalschnecken legen. – Zitronensaft von einer Zitrone, Öl, Tomatenmark, Crème fraîche, Salz, Zucker und Pfeffer gut verrühren und alles über die Aale gießen. – Im vorgeheizten Backofen die Form mit geschlossenem Deckel bei 200 Grad etwa 30 Min. schmoren.
Ausgezeichnet paßt dazu ein gekräuterter Kartoffelbrei und Gurkensalat (beides mit Dill).

Französischer Fischtopf

400 g Merlanfilet, 400 g Rotbarschfilet, 1 Zitrone, Salz, Pfeffer, 1 grüne Paprikaschote, 1 rote Paprikaschote, 3 Auberginen, 4 geschälte Tomaten, 1 geschälte Knoblauchzehe, 2 geschälte Zwiebeln, 6 gefüllte Oliven, Salz, Pfeffer, Zucker, Zitronensaft, 6 EL Olivenöl, 1 Bd. Petersilie

Die Fischfilets vorbereiten und mit Küchenkrepp trokkentupfen, pfeffern. Die Gemüse waschen, trocknen und putzen. Die Paprikaschoten in Streifen schneiden, Auberginen und Tomaten würfeln, Knoblauch zerquetschen, Zwiebeln und Oliven in Scheiben schneiden. In einer großen, feuerfesten Form in dem Olivenöl andünsten und zusammenfallen lassen. Nun mit den Gewürzen und dem Zitronensaft abschmecken. – Die Fischfilets darauflegen und im Backofen bei 200 Grad 30 Min. schmoren lassen. Mit gehackter Petersilie bestreuen und heiß servieren. Reichen Sie dazu Petersilienkartoffeln und grünen Salat.

Zwiebelfisch, gebacken

750g Heilbuttfilets, 1 Zitrone, Salz, Edelsüß-Paprika, 500g geschälte Zwiebeln, 100g Butter, 3 EL Olivenöl, 100g Speck in dünnen Scheiben, 1 Sahnejoghurt, 1 Bd. Petersilie

Die Filets vorbereiten, mit Küchenkrepp trockentupfen und mit Edelsüß-Paprika bestreuen. – Inzwischen die Zwiebeln in Scheiben geschnitten in der heißen Butter andünsten. – Die Fischfilets auf die Zwiebeln legen, mit dem Olivenöl beträufeln und dann mit den dünnen Speckscheiben abdecken. Den Joghurt darüber verteilen. Im heißen Backofen etwa 15 Min. schmoren, herausnehmen und mit feingehackter Petersilie bestreut servieren. Eine Soße benötigen Sie nicht, denn es ergibt sich eine Schmorflüssigkeit, die völlig ausreicht. Reichen Sie zum Heilbuttfilet Petersilienkartoffeln und einen pikanten Tomatensalat.

Fischgratin mit Kartoffeln und Käse

500g Kartoffeln, gekocht, gepellt, 750g Heilbuttfilet, 1 Zitrone, Salz, Scheiben von 2 geschälten Zwiebeln, 100g weiche Butter, 1 geschälte Knoblauchzehe, ¼ l Brühe (Würfel), Salz, Pfeffer, Muskatpulver, 200g geriebener Käse, Butter für Butterflöckchen

Kartoffeln zubereiten, in möglichst dünne Scheiben schneiden. Den Fisch vorbereiten, in Scheiben schneiden,

die so groß sein sollten wie die Kartoffelscheiben. Zwiebelscheiben zurechtlegen. – Die weiche Butter mit der durchgepreßten Knoblauchzehe gut mischen; eine Form aus feuerfestem Glas damit gut ausbuttern. Nun schuppenartig abwechselnd Fisch-, Kartoffel- und Zwiebelscheiben einschichten. Die heiße Brühe darangießen und mit den Gewürzen kräftig abschmecken. Die Form in den schon vorgeheizten Ofen einschieben und 15 Min. schmoren lassen. Dann den geriebenen Käse darüberstreuen und mit Butterflöckchen besetzen. Im Ofen noch 10 Min. bei kräftiger Hitze überbacken.
Dazu: gemischter Salat aus Kopfsalat, Gurken und Tomaten.

Fischgulasch

800g Fischfilet, 1 Zitrone, 3 geschälte Tomaten, 2 geschälte Zwiebeln, 1 geschälte Knoblauchzehe, Salz, 5EL Olivenöl, 2 geschälte Kartoffeln, ⅛ l Apfelwein, 1 Lorbeerblatt, Pfeffer, Salz, 1 Becher saure Sahne, 2 Eigelb, 1TL Stärkepuder, 1 Gläschen Weinbrand

Fischfilets vorbereiten, aber nicht salzen; 10 Min. stehen lassen, dann in große Würfel schneiden. – Tomaten vierteln, Zwiebeln würfeln; in eine Kasserolle geben. Knoblauchzehe in Salz drehen, durchpressen und in der Kasserolle zusammen mit Olivenöl erhitzen. Die kleingewürfelten Kartoffeln dazugeben. 10 Min. dünsten, dann mit dem Apfelwein ablöschen, Lorbeerblatt zufügen, würzen und die Fischwürfel in die Kasserolle geben. Bei wenig Hitze 15 Min. schmoren lassen. – Die saure Sahne mit dem Eigelb und dem Stärkepuder verquirlen, den Weinbrand darunterrühren. Die Brühe in der Kasserolle damit binden. Noch einmal erhitzen und 5 Min. ziehen lassen, aber nicht mehr kochen. Mit geröstetem, gebuttertem Weißbrot servieren.

Der Vollständigkeit halber gebe ich Ihnen auch ein Grundrezept für ein Soufflé:

Hechtsoufflé

200 g Hecht, 150 g Zander, 100 g Forelle, 1 TL pikante Gewürzmischung (Fertigprodukt), einige Tropfen Zitronensaft, 125 g Sahne, 2 Eiweiß, Butter zum Ausfetten

Am besten wäre es, wenn Sie alle Gerätschaften im Kühlschrank gut kühlen. – Die Fischstücke durch den Wolf drehen und die Masse anschließend noch einmal und dann durch ein feines Sieb drücken. Die Schüssel mit der Fischmasse wieder gut kühlen, dann das Gewürz (erhältlich in Feinkostgeschäften), den Zitronensaft und die Sahne (alles gut gekühlt) langsam darunterrühren. Die Eiweiß steif schlagen und unter die Masse ziehen.
Eine nicht zu große Form mit der Fischmasse füllen, die Form in ein Wasserbad stellen, dies alles geben Sie in den Backofen und lassen das Soufflé bei geringer Hitze etwa 30 Min. ziehen.

Fische braten, backen, fritieren und grillen

»Die Erfindung eines neuen Gerichtes beglückt die Menschheit mehr, als die Entdeckung eines neuen Gestirns.«

(Brillant-Savarin, 1755–1826)

Liebe Freunde,
alle Fische kann man braten, eine Ausnahme kenne ich eigentlich nicht. Ich bin hochbeglückt über die Erfindung der beschichteten Pfannen. Früher habe ich manchmal Tränen geweint oder war wütend – je nach Stimmungslage –, wenn die Familie auf knusprig gebratene Schollen wartete und die Haut in der Pfanne hängenblieb oder der Fisch halb zerstört aus der Pfanne kam. Diese Zeiten sind vorbei. Keine Probleme, Fische zu braten. Trotzdem will ich Ihnen verraten, wie meine Mutter mich für eine nicht beschichtete Pfanne angelernt hat: Auch bei reichlicher Bratfettzugabe kann der Fisch ankleben, oder er wird nicht so richtig braun und knusprig. Dies ist häufig der Fall, wenn man Butter oder Margarine verwendet. Deshalb: Gutes Speiseöl nehmen, erst langsam, dann stark erhitzen. Zur Probe sollte man einen kleinen Brotwürfel in die Pfanne werfen – bräunt er sofort, dann wird (wahrscheinlich) auch der Fisch nicht ankleben. Den Fisch aber immer gut trockentupfen und leicht mit Mehl bestäuben. Der Fisch bekommt sofort eine knusprige Haut, in die das Öl nicht eindringt. Deshalb können auch Fischfreunde, die Öl nicht lieben, diese Methode wählen. Wenn Sie trotzdem den Geschmack nach Butter haben wollen: Öl weggießen (Vorsicht! Es spritzt, wenn Wasser dazukommt), Butter in die Pfanne und den Fisch einige Male darin

drehen. – Übrigens, das Braten von einem in Mehl gedrehten Fisch ist die Zubereitung »nach Müllerin Art«! Nun bleibt noch die Frage nach der Bratzeit, und da bin ich hilflos. Ich kann Ihnen keine genauen Zeiten sagen, weil diese von der Größe des Fisches oder der Dicke des Filets abhängen, von der Jahreszeit – nämlich, ob der Fisch fett ist oder nicht –, von der Art der Hitze und von der Art des Fisches. Also mit anderen Worten: Sie müssen es in jedem Fall selbst ausknobeln und Erfahrungen sammeln.

Zusammengefaßt einige

Tips zum Braten

- Je nach Dicke des Fisches, der Filets oder der Fischstükke muß man mit 5 bis 15 Min. Bratzeit rechnen. Sie können feststellen, wenn der Fisch gar ist: er fühlt sich fest an und sieht nicht mehr glasig aus.
- Gewaschenen oder gesäuerten Fisch immer trocken in die Pfanne legen.
- Den abgetrockneten Fisch (oder Fischstücke) mit Mehl bestäuben oder besieben. Wenn Sie in Mehl wenden, dann das überflüssige Mehl abklopfen. Der Fisch klebt dann weniger leicht am Pfannenboden fest.
- Am besten über mittlerer Hitze, in nicht zu wenig Fett braten.
- Falls der Fisch vorzeitig braun wird, vom Feuer nehmen und zum Fertiggaren zudecken und nur noch ziehen lassen.
- Pro Person rechnet man mit 250 g Fisch oder 200 g Filet – letzteres am besten in 100-g-Stücke schneiden; sie lassen sich besser wenden und zerfallen nicht so leicht.
- Fisch auf vorgewärmten Tellern sofort servieren, sonst trocknet er aus.

Fisch in der Hülle
Es ist tatsächlich so: die Hülle schützt das empfindliche Fischfleisch vor dem Austrocknen, und seine Würzung verbindet sich mit dem Fischgeschmack. Außerdem: die Kruste der Hülle verhindert beim Braten ein Ansetzen des Fisches am Pfannenboden.

- *Panieren*
  Den gesäuberten, gesäuerten, gesalzenen und gut getrockneten Fisch zuerst in Mehl, dann in verquirltem Ei und schließlich in Paniermehl, das sehr gut angedrückt werden muß, wenden. Dann in heißem Fett braten. – Anstelle von Ei können Sie auch Kondensmilch verwenden.

- *In Mehl wenden:*
  Das Mehl ganz nach Geschmack mit Gewürzen vermischen und auf einen flachen, großen Teller geben. Den gesäuberten, gesäuerten und gesalzenen Fisch darin sorgfältig wenden. In heißem Fett braten.

- *In der Eihülle:*
  Den gesäuberten, gesäuerten und gesalzenen Fisch in verquirltem Ei wenden und in heißem Fett braten.

Wenn Sie für originelle Geschmacksrichtungen sind, dann

- geben Sie in das Mehl auch Kräuter, oder diese in das verquirlte Ei;
- geben Sie in das Paniermehl feingeriebene Nüsse oder gestoßene Erdnußflips, Haferflocken oder geriebene Käsekräcker;
- Panieren ist heute ganz leicht und einfach – nehmen Sie »Panier-Quick«, eine würzige Panade aus Eiern, Gewürzen und Semmelbröseln.

Fisch im Ausbackteig

Eine Garmethode will ich Ihnen nicht vorenthalten: das Backen im Öl. – Es gibt viele Feinschmecker, die neben dem Garen im eigenen Saft auf das Ausbacken von Fischen oder Fischteilen in heißem Öl oder Fett schwören. Natürlich können wir das zarte Fischfleisch nicht schutzlos solcher Hitze preisgeben, deshalb bekommt es einen Mantel aus Teig. Der dünnflüssige Ausbackteig besteht aus Ei, Mehl und zum Anrühren wahlweise aus Wasser, Bier, Milch, Buttermilch, Joghurt, Wein oder Sekt.
Der nach der »3-S-Methode« vorbereitete Fisch wird in den Teig getaucht und im heißen Fett schwimmend ausgebacken.
Am besten dafür ist eine moderne Friteuse geeignet, die die eingestellte Temperatur des Fetts konstant hält.

- Es geht aber auch ohne Friteuse. Heizen Sie Öl oder Fett auf. Sie benötigen 180 Grad, damit der Fisch richtig gebacken wird, ohne daß der Teig verbrennt. Machen Sie die Probe mit einem Brotwürfel, ob die richtige Temperatur erreicht ist. Wird der ins Fett geworfene Brotwürfel sofort knusprig, dann ist's richtig.
- Im heißen Fettbad schließen sich sofort die Poren des ganzen Fischstücks, z. B. des Fischfilets rundum – nicht nur auf der Bratseite.
- Nur wenig Fett kann eindringen; die Garzeit verkürzt sich, weil die Hitze rundum einwirkt.
- Ein paniertes Fischfilet nimmt in der Pfanne ca. 65 g Fett auf, in der Friteuse dagegen nur ca. 35 g.
- Vitamine und Nährstoffe bleiben mehr erhalten als bei anderer Zubereitung.
- Allerdings ist die Qualität des Fettes entscheidend: Temperaturen bis ca. 200 Grad vertragen Erdnuß- und Kokosfette, Maiskeimöl und andere Öle.

- Das Fett sollten Sie nach jedem Fritieren durch ein Metallsieb, das mit Küchenpapier ausgelegt wurde, filtern.
- Sie sollten das Fett nur höchstens fünfmal zum Fritieren gebrauchen, dann weg damit!

Das Grillen von Fischen

Bisher haben wir einen Topf oder eine Pfanne (oder auch einen Backofen) benutzt; nun kommen wir zu der Garmethode, die den Fisch in seinem Zustand ohne Veränderung beläßt: dem Grillen über offenem Feuer.

- Verwenden Sie zu Hause Grillgeräte für Strom oder Gas.
- Im Freien sind handliche Koffergrillgeräte, die mit Flüssiggas betrieben werden, sehr beliebt.
- Am offenen Feuer brauchen Sie Holzkohle, die Sie mit speziellen Grillanzündern zum Glühen bringen, auf keinen Fall aber Spiritus oder Benzin verwenden.
- Erst wenn die Holzkohle weißglühend ist, stimmt die Temperatur; dann wird der eingeölte Grillrost daraufgelegt, dann erst das Grillgut.
- Gegrilltes sofort essen, da es sonst an Geschmack verliert.
- Alufolie gehört dazu. Sie können grundsätzlich alles darin grillen.
- Wenn Sie vorhaben, auch etwas anderes als Fisch zu grillen, nehmen Sie den Fisch zuletzt, sonst schmeckt alles danach.
- Benutzen Sie immer Schutzhandschuhe, denn alles was Sie anfassen, könnte glühend heiß sein.

Beim Grillen schließen sich die Poren des Fischfleisches sofort, so daß der Saft nicht auslaufen kann. Deshalb bleibt Gegrilltes zart und geschmackvoll.

Versuchen Sie einmal beim Grillen ein paar Wacholderbeeren oder Knoblauchzehen in die Glut zu werfen – Ihre Fische erhalten ein wunderbares Aroma!
Reichen Sie verschiedene pikante Dips zu gegrillten Fischen – auch Würzbutter ist immer beliebt –, die Sie auch schon fertig gemixt kaufen können. Verschiedene bunte Salate beleben eine Party ungemein!

Darf ich Ihnen als erstes Rezept eines meiner Lieblingsgerichte aufschreiben? Es ist die

Finkenwerder Speckscholle

4 Schollen (je 400 g), 1 Zitrone, Salz, 2 EL Butter, 200 g durchwachsener geräucherter Speck, Petersilienzweige, Tomatenachtel

Die Schollen vorbereiten: Köpfe und Flossen abschneiden, das Schwanzende stutzen, ausnehmen und unter fließendem kaltem Wasser gründlich waschen. Mit Küchenkrepp trockentupfen, mit Zitronensaft beträufeln – einziehen lassen. Inzwischen den Speck würfeln und in der Butter auslassen, zur Seite schieben. Die Schollen nun abtrocknen, salzen und nur leicht mit Mehl bestäuben, im Speckfett von jeder Seite etwa 5 bis 7 Min. braten. Nacheinander die fertigen Schollen auf einer vorgewärmten Platte anrichten, zum Schluß die Speckwürfel darüberstreuen und nun mit Petersilie und Tomaten garniert servieren. – Dazu gehört ein zünftiger Kartoffelsalat.

Goldbarsch, süß-sauer

800 g Goldbarschfilet, 1 Zitrone, Salz, Pfeffer, 1 EL Mehl, $\frac{1}{8}$ l Öl, 2 EL Butter, 2 EL Zitronensaft, 1 TL Zucker, 1 EL Honig, 1 EL Speisestärke, 2 EL Kondensmilch

Die Filets in fingerdicke Streifen schneiden und dabei noch restliche Gräten entfernen. Die Fischstreifen mit Zitronensaft beträufeln, etwas einziehen lassen. Mit Küchenkrepp trockentupfen, salzen und pfeffern. Mit dem Mehl von allen Seiten bestäuben. Nun die Fischstreifen in das heiße Öl geben und ringsum braun braten. Die Fischstreifen herausnehmen, auf einer vorgewärmten Platte anrichten und warm stellen.
In das Bratfett die Butter geben und Zitronensaft, Zucker und Honig hineinrühren, abschmecken. Vielleicht müssen Sie noch etwas säuern oder süßen. Die Speisestärke in der Kondensmilch anrühren und die Soße damit binden. – Noch einmal erhitzen, etwas über die Fische gießen, den Rest getrennt servieren. Dazu: Kartoffelscheiben, in Butter gebraten.

Heringspfanne

8 kleine grüne Heringe, 1 Zitrone, Salz, 2 EL Mehl, 8 EL Öl, Muskatnuß, 2 Tomaten, in Achtel geschnitten

Die Heringe vom Fischhändler entgräten und küchenfertig machen lassen. Zu Hause vorbereiten und besonders sorgfältig säuern (Zitronensaft verhindert oder vermindert den Bratgeruch). Das Öl in der Pfanne erhitzen (zuerst 4 EL Öl für 4 Heringe), bis es dampft. Inzwischen die Heringe trockentupfen und mit Mehl bestäuben, schnell auf beiden Seiten braun braten. Die zweite Hälfte ebenso behandeln. Auf einer gewärmten Platte anrichten. Einen Hauch Muskatnuß darüberreiben und mit den Tomatenachteln garniert servieren.
Falls Sie den obligaten Kartoffelsalat nicht mögen, dann reichen Sie einmal Spinat dazu:

Feinschmecker-Spinat

2000 g frischer Spinat, 100 g durchwachsener Speck, 2 kl. geschälte Zwiebeln, ¼ l Brühe (Würfel), Salz, Pfeffer, Zucker, Muskatnuß, etwas Speisestärke

Spinat putzen, verlesen, waschen und ohne Abtropfen in einen Topf geben. Etwa 10 Min. dünsten. Inzwischen Speck und Zwiebeln würfeln, Speckwürfel auslassen und Zwiebelwürfel darin andünsten. Den zusammengefallenen Spinat abgetropft zum Speck geben und noch 5 Min. weiterdünsten. Nun die Brühe zugießen und mit Salz, Pfeffer, Zucker und geriebener Muskatnuß abschmecken. Falls noch zuviel Flüssigkeit vorhanden ist, etwas Speisestärke anrühren und damit binden.

Fisch-Curry mit Obst

750 g Fischfilet, 1 Zitrone, Salz, Pfeffer, 2 EL Mehl, 4 EL Öl, 1 kl. Dose Feigen, 1 kl. Dose entsteinte Sauerkirschen, 1 EL Curry, 2 P. »Helle Soße« (Fertigprodukt), Zucker, Salz

Fischfilet vorbereiten, mit Küchenkrepp trockentupfen und pfeffern. Filets in große Würfel schneiden, mit Mehl bestäuben. Das Öl in einer Pfanne erhitzen, die Fischwürfel darin von allen Seiten braun braten. Fisch in eine Schüssel legen und warm stellen. Feigen abgießen, aber nur den Feigensaft auffangen und zu einem halben Liter mit Wasser auffüllen. In die Pfanne Pfanne geben und erhitzen, das Currypulver mit durchkochen. 2 P. »Helle Soße« nach Vorschrift in der Pfanne bereiten, Feigen und Kirschen zufügen und erhitzen. Mit Zucker und Salz abschmecken. Die Soße mit den Früchten über den Fisch gießen. Mit Butterreis anrichten.

Gebratene Forelle mit Mandeln

4 Forellen (Regenbogenforellen), Salz, Pfeffer, 1 Zitrone, 4 EL Butter, 2 Beutel gehobelte Mandeln (Fertigprodukt), Zitronenscheiben, Petersilie

Die Forellen im Fachgeschäft küchenfertig machen lassen. – Zu Hause nur noch waschen, abtrocknen, mit Salz und Pfeffer einreiben. Zitronensaft ins Innere träufeln, etwa 10 Min. ziehen lassen. In dieser Zeit könnten Sie schon einen pikanten Salat zubereiten und kleine neue Kartoffeln vorbereiten, die nur 15 Min. zum Garen brauchen. – 16 Min. vor dem Essen 2 EL Butter in die Pfanne geben, aufschäumen lassen, 2 Forellen hineinlegen und jede Seite 4 Min. braten. 1 Beutel gehobelte Mandeln mitbraten. Häufig mit dem Bratfett begießen. Die Forellen auf einer Platte warm stellen. Nun die nächsten 2 Forellen genauso braten. – Auf der Platte mit Zitronenscheiben und Petersilie garnieren.

Nun möchte ich Ihnen ein sehr schmackhaftes Gericht empfehlen, das ich aus dem Kochbuch meiner Großmutter häufig nachgekocht habe:

Heringsgulasch

50 g Speck, 2 große Zwiebeln, 6 grüne Heringe, 1 EL Butter, 250 g Suppengrün, 3 geschälte Tomaten oder 1 TL Tomatenmark, ¼ l Wasser oder saure Milch, Salz, Mehl zum Andicken

Speck und Zwiebeln schneidet man in Würfel, röstet sie goldgelb und brät darin die in größere Stücke geschnittenen, entgräteten Heringe an. Dann nimmt man sie heraus, gibt die Butter in den Topf und dünstet das geputzte, kleingeschnittene Suppengemüse mit etwas Wasser gar.

Die in Scheiben geschnittenen Tomaten werden noch kurze Zeit mitgedünstet oder – wenn Sie Tomatenmark verwenden – geben Sie einen gehäuften TL davon in die Flüssigkeit. Zuletzt legt man die Heringe wieder ein, gießt die Flüssigkeit hinzu, bis man genügend Soße hat, die nach Belieben angedickt wird.

Fisch-Cordon bleu

4 dicke Scheiben Fischfilet (je 250g), 1 Zitrone, Salz, Pfeffer, Estragon (frisch oder getrocknet), 4 Sch. gekochter Schinken, 2 Sch. Gouda (oder Scheibletten), 2 EL Mehl, 1 verquirltes Ei, 6 EL Paniermehl, 4 EL Olivenöl, 1 Zitrone, Petersilienzweige

Die Filets gut waschen, mit Küchenkrepp trockentupfen. In die dicken Filets mit spitzem und scharfem Messer Taschen schneiden – gut aufpassen, daß Sie die Tasche nicht bis zum Rand schneiden, sonst reißt sie beim Braten auf. Mit dem Saft einer Zitrone die Filets beträufeln, auch die Taschen innen. Etwa 10 Min. einwirken lassen. Wieder trockentupfen und nun mit Salz und Pfeffer würzen. Eine Scheibe gekochten Schinken um eine halbierte Scheibe Käse schlagen, in die Tasche schieben. Zuerst in Mehl, dann in verschlagenem Ei und schließlich in Paniermehl drehen – die Panade gut andrücken. In dem heißen Öl auf jeder Seite 4 Min. backen. Auf einer vorgewärmten Platte mit Zitronenscheiben und Petersilie garniert servieren. Dazu einen leichten Kartoffelsalat (mit Joghurt-Dressing) reichen.

Gebratener Aal

1000g grüner Aal, Salz, Butter für die feuerfeste Form, 1 Zitrone, 1EL Mehl, 1 Lorbeerblatt, 50g Butter, 1 geschälte Zwiebel, Saft von 1 Zitrone, Senf, 1 Bd. Dill

Aal im Fachgeschäft herrichten lassen (abhäuten, ausnehmen). Zu Hause säubern, etwas salzen und in 10 cm lange Stücke schneiden. Eine feuerfeste Form ausbuttern, die Aalstücke mit Mehl bestäuben und nebeneinander hineinlegen. Zwischen die Stücke Zitronenscheiben (aber ohne Kerne, weil diese bitter werden) stecken und je ein Stückchen von dem Lorbeerblatt. Die Butter als Flöckchen über dem Aal verteilen.
Die Zwiebel fein hacken und in die Lücken streuen. Die offene Form in den heißen Backofen schieben und bei 200–220 Grad in 30 Min. gut braun braten. – Dann die Aalstücke auf einer vorgewärmten Platte anrichten und mit Dillzweigen garnieren – warm stellen. Das Fett und die Zwiebelwürfel in der heißen Form mit Senf verrühren und unter Schlagen mit dem Schneebesen den Zitronensaft zufügen. Den Aal mit feingehacktem Dill bestreuen und die Fettsoße darübergießen.
Weil der Aal fett ist, schmeckt sehr gut getoastetes Weißbrot ohne Butter dazu – oder Salzkartoffeln.

Schellfisch-Koteletts mit Butter

150 g weiche Butter, 2 TL Sardellenpaste, gehackte Petersilie – Menge nach Geschmack, 4 Schellfisch-Koteletts (ca. 200 g jedes), 1 Zitrone, Salz, 1 EL Mehl, Pfeffer, 5 EL Butter, 4 geschälte Tomaten

Zuerst die Butter gründlich mit der Sardellenpaste verrühren und mit einer Gabel gehackte Petersilie hineinarbeiten. Mit Hilfe einer Alufolie zu einer Rolle formen, in die Folie einwickeln und in den Kühlschrank legen. – Die Schellfisch-Koteletts vorbereiten, mit Küchenkrepp trockentupfen, mit Mehl bestäuben und dann etwas pfeffern. In heißer Butter in einer großen Pfanne von beiden

Seiten goldbraun braten. Die geschälten Tomaten in die Ausbuchtung legen und mitbraten.
Auf einer vorgewärmten Platte zusammen mit den Tomaten anrichten und auf jedes Kotelett eine Scheibe Sardellenbutter zum Schmelzen legen. Die übrige Butter getrennt servieren.
Dazu: Salzkartoffeln und Gurkensalat.

Heilbutt mit »Himmel und Erde«

4 Scheiben Heilbutt (je 250 g), 1 Zitrone, Salz, 2 EL Mehl, 6 EL Öl, 4 geschälte Zwiebeln, 2 EL Butter, 500 g geschälte Kartoffeln, Salz, Zucker, Pfeffer, Rosmarin, 1 Tasse heiße Milch, 500 g geschälte, entkernte Äpfel, 100 g Speck

Zuerst »Himmel und Erde« zubereiten, da es doch etwas länger dauert: Zwiebeln in dünne Scheiben schneiden, in der Butter anbraten. Die Kartoffeln ebenfalls in Scheiben schneiden, in einen großen Topf geben, Salz, Zucker, Pfeffer, Rosmarin und die Milch zufügen, zum Kochen bringen und 20 Min. köcheln lassen. Nach dieser Zeit die Äpfel in dünne Scheiben schneiden und zu den Kartoffeln geben. Weitere 15 Min. kochen lassen. – Inzwischen den Speck würfeln und ausbraten. »Himmel und Erde« in eine große Schüssel füllen, den Speck darüber gießen und warm stellen.
Die Scheiben Heilbutt vorbereiten, mit Küchenkrepp trockentupfen, von beiden Seiten in Mehl wenden, in dem heißen Öl jede Seite 5 Min. kroß braten und auf »Himmel und Erde« legen.

Garnierte Seezunge mit Fenchel

4 Seezungen (je 200 g), 1 Zitrone, Salz, Pfeffer, 2 EL Mehl, 3 EL Öl, 1 Beutel gehackte Mandeln (Fertigprodukt), 200 g weiche Butter, Salz, Pfeffer, Petersilie, Dill, 1 EL eingelegte Tomaten-Paprika, 1000 g Fenchelknollen, Butter, Salz, Muskatnuß

Vom Fischhändler die Seezungen abhäuten und putzen lassen. – Zu Hause die Fische vorbereiten und pfeffern. Mit Küchenkrepp trockentupfen und mit Mehl bestreut in dem heißen Öl braun braten, dann die Mandeln darin rösten. Die Butter mit Salz, Pfeffer, den gehackten Kräutern und der kleingeschnittenen Paprika gut vermischen und in ein Schüsselchen pressen. – Es ist aber zweckmäßig, daß Sie zuerst das Fenchelmus zubereiten: Von den Fenchelknollen die äußeren Blätter entfernen. Waschen und fein hacken und in Butter gar dünsten. Die Knollen in wenig Wasser garen und noch heiß im Mixer pürieren. Das Mus mit den gehackten, gedünsteten Blättern vermischen, mit Salz und geriebenem Muskat würzen. – Die Seezunge auf einer vorgewärmten Platte schuppenartig nebeneinander anrichten und mit dem heißen Fenchelmus umspritzen (große Tülle). Die gerösteten Mandeln über die Seezungen streuen. – Mit der Kräuterbutter servieren.

Makrelenfilets, in Speck gebraten

8 Makrelenfilets, 1 Zitrone, Salz, Pfeffer, 1 EL Mehl, 250 g magerer Schinkenspeck in Scheiben, ¼ l Crème fraîche, 3 EL gemischte frische Kräuter (Dill, Petersilie, Schnittlauch)

Zuerst den Schinkenspeck in der Pfanne knusprig anbraten, die Stücke beiseite schieben. Inzwischen die Makrelenfilets vorbereiten, trockentupfen und etwas pfeffern.

Mit Mehl von beiden Seiten bestäuben. In das heiße Speckfett legen und auf jeder Seite etwa 3 Min. braten. Die Filets vorsichtig herausnehmen, die Crème fraîche in die Pfanne geben und mit dem Fett zusammen erhitzen. Die Kräuter einstreuen; die Soße getrennt zu den auf einer Platte angerichteten Filets reichen.

Geben Sie dazu

Zitronenreis

1 unbehandelte Zitrone, Wasser, Salz, 2 T Langkornreis, 1 EL Butter, 2 EL Zitronensaft

Die Zitrone dünn schälen (ohne die weiße bittere Haut). Die Schale in 5 T Wasser ca. 5 Min. kochen. Die Zitronenschale herausnehmen, den vorbereiteten Reis darin in ca. 15 Min. ausquellen lassen. Inzwischen die Zitronenschale in feine Streifen schneiden und zusammen mit dem Zitronensaft und der Butter unter den fertigen Reis mischen.

Steinbutt – spanisch, mit Muscheln und Shrimps

1000 g Steinbutt, 1 Zitrone, Salz, 2 EL Mehl, 50 g Butter, 375 g Tomaten (geschälte Tomaten aus der Dose), 50 g Muschelfleisch (1 Glas), 125 g Shrimps, 6 EL Weißwein, Salz, Pfeffer, 1 Bd. Petersilie, 1 EL Speisestärke

Den Steinbutt in Stücke zerteilen, dann vorbereiten, mit Küchenkrepp trockentupfen und in Mehl wenden. Die Butter in einer Pfanne erhitzen und die Fischstücke bei mittlerer Hitze braten, jede Seite etwa 5 Min. Anschließend warm stellen. – Nun die Tomaten abtropfen lassen, entkernen und grob würfeln. Zusammen mit den abge-

tropften Muscheln und den Shrimps in das Bratfett geben und 5 Min. dünsten. Den Wein hinzufügen und weitere 10 Min. köcheln lassen. Mit Salz und Pfeffer abschmekken. Die Petersilie fein hacken, unter die Bratflüssigkeit ziehen, dann diese mit der in Wasser angerührten Stärke binden. Die Soße beim Anrichten über die Fischstücke gießen.
Dazu: Kartoffelbrei und grüner Salat.

Tip: Immer, wenn im Rezept »pfeffern« steht, dann nehmen Sie die Pfeffermühle und mahlen den Pfeffer frisch über den Fisch. Der Geschmack ist unvergleichlich besser.

Heringsrouladen

6 grüne Heringe, 1 Zitrone, Salz, 3 gr. geschälte Zwiebeln, 150 g durchwachsener Speck, 1 Bd. Petersilie, ½ l Milch, 4 altbackene Brötchen, Salz, süßer Paprika, 2 Eier, Paniermehl, 6 EL Öl

Die Heringe (sie ergeben 12 Rouladen) im Fachgeschäft entgräten, hälfteln (an der Rückenkante aufschneiden) und küchenfertig zubereiten lassen. – Zu Hause mit einer Pinzette die noch sichtbaren Gräten herausziehen und die Heringshälften gut mit Zitronensaft beträufeln, einziehen lassen. Dann mit Küchenkrepp trockentupfen und auf beiden Seiten salzen. – Für die Füllung die Zwiebeln fein reiben, in dem Fett des inzwischen ausgelassenen gewürfelten Specks andünsten, die feingehackte Petersilie dazugeben und die in Milch eingeweichten und ausgedrückten Brötchen. Mit Salz und Paprika würzen und mit 2 Eiern binden, d. h. mit einer Gabel gut untermischen. Die Hautseite der Heringe mit der Masse bestreichen, wie Rollmöpse zusammenrollen, mit einem Holzstäbchen feststecken, dann in Paniermehl wenden und in dem heißen Öl knusprig braten.

Tip: Petersilien- oder Dillbunde verwelken nicht so schnell, wenn Sie sie in eine kleine Plastiktüte (Frühstücksbeutel) stecken und – mit einem Klipp verschlossen – ins Gemüsefach des Kühlschrankes legen.

Seelachs-Doppeldecker

8 kleine Seelachsfiletscheiben (ca. 100 g pro Stück.), 1 Zitrone, 1 TL Salz, ½ TL Pfeffer, 2 EL Margarine, 4 Scheiben Tilsiter, 2 Paprikaschoten, 4 Scheiben Ananas

Die Filets gut waschen, mit Zitronensaft beträufeln, würzen und in ca. 6 Min. in nicht zu heißem Fett gar braten. Zwischen je zwei Filetscheiben eine Scheibe Tilsiter und ½ in Ringe geschnittene Paprikaschote geben. Die Filet-Doppeldecker wieder in die Pfanne geben und im Ofen kurz überbacken. Jeweils mit einer gebratenen Ananasscheibe servieren.

Gefüllter Kabeljau

500 g frische Champignons, einige Tropfen Zitronensaft, 30 g Butter, 1 geschälte Zwiebel, 2 Zwieback, 1 geschälte Tomate, 1 Bd. Petersilie, Salz, Pfeffer, 1 ganzer Kabeljau von 1500 g, 1 Zitrone, 2 EL Öl, 1 TL Salz, 1 TL Oregano, schwarzer Pfeffer, 3 EL Öl, 5 Scheiben Frühstücksspeck

Zuerst die Fülle bereiten: Champignons putzen, waschen, in Scheiben schneiden und mit einigen Tropfen Zitronensaft beträufeln. Butter erhitzen, die gehackte Zwiebel darin andünsten, Pilze dazugeben und ca. 3 Min. garen. Die Zwiebäcke reiben, Tomate würfeln, Petersilie hacken und alles daruntermischen. Mit Salz und Pfeffer abschmecken. – Den Fisch schuppen, ausnehmen und waschen. Innen und außen mit Zitronensaft beträufeln, gut

einziehen lassen. – Eine feuerfeste Form mit 2EL Öl ausstreichen; den Fisch mit der Champignonmasse füllen und in die Form setzen. Fülle, die übrigbleibt, daneben legen. Von der Rückengräte aus auf beiden Seiten drei 1 cm tiefe Einschnitte in den Kabeljau machen. Salz, Oregano und Pfeffer mischen und in die Einschnitte füllen. Den Fisch mit Öl bestreichen und mit 3 Scheiben Frühstücksspeck abdecken und auf die restliche Fülle 2 Scheiben verteilen. – Die Form in den vorgeheizten Ofen schieben und in ca. 40 Min. bei 200 Grad braten lassen.
Dazu: Butterreis, mit Safran gefärbt, und Tomatensalat.

Garnierte Steinbeißer-Schnitten, überbacken

4 Steinbeißer-Schnitten (je 200g), 1 Zitrone, Salz, 3 EL Mehl, 100g Butter, 75g durchwachsener Speck, 1 kl. geschälte Zwiebel, 1 rote und eine grüne Paprikaschote (geputzt, entkernt), Salz, Pfeffer, süßer Paprika, 4 Scheiben Chester-Scheibletten, 1 Bd. Dill

Die Fischschnitten säubern, säuern, trockentupfen, salzen und mit Mehl von beiden Seiten besieben. In einer großen Pfanne in der heißen Butter von jeder Seite 5 Min. braten, auf eine feuerfeste Platte legen, warm stellen. Für die Garnierung den gewürfelten Speck im Bratfett auslassen, Zwiebel und Paprikaschoten würfeln und in der Pfanne etwa 5 Min. dünsten. Dann mit Salz, Pfeffer und Paprika abschmecken. Alles gleichmäßig auf den vier Schnitten verteilen und mit den Käsescheiben belegen. Die Platte in den vorgeheizten Backofen schieben und mit Oberhitze golden überbacken.
Dazu: Spaghetti und Tomatensoße.

Fischfilet paniert – ganz einfach

800 g Fischfilet (4 Scheiben), 1 Zitrone, Salz, 1 Dose gemischte Pilze (500 g), 4 geputzte Paprikaschoten, 3 geschälte Zwiebeln, 50 g Butter, Salz, Pfeffer, Rosmarinpulver, 4 EL Mehl, 2 Eier, 8 EL Paniermehl, 8 EL Öl, 1 Bd. Petersilie

Die Fischfilets vorbereiten. Die Pilze gut abtropfen lassen und mit den in Stücke geschnittenen Paprikaschoten und den gewürfelten Zwiebeln in der Butter so lange dünsten, bis die Zwiebelwürfel gelb sind (ca. 15 Min.). Mit Salz, Pfeffer und einem Hauch Rosmarinpulver würzen. – Die Fischfilets gut mit Küchenkrepp trockentupfen, dann in Mehl wenden und durch die leicht verschlagenen Eier ziehen, sofort gut von allen Seiten in Paniermehl drücken. In heißem Öl etwa 5 Min. jede Seite braten. – Die Pilze mit der feingehackten Petersilie bestreuen und mit den gebratenen Filets anrichten. Dazu: Butterreis und Salat.

Dorsch gebraten – mit scharfen Birnen

1000 g Dorsch, 1 Zitrone, Salz, 50 g durchwachsener geräucherter Speck, 8 EL Olivenöl, 1 Knoblauchzehe (geschält), 2 geschälte Zwiebeln, 6 EL Mehl, 2 Eier, etwas Milch, 10 EL Paniermehl, Pfeffer, Salz, 4 EL geriebener Käse, 1 Dose Birnen (8 Hälften), 1 Fl. Chilisoße, 5 EL Apfelsinenlikör

Zuerst die Birnen abtropfen lassen und dann würfeln; Chilisoße – Menge nach Geschmack – darübergießen. Vorsichtig mischen, dann den Apfelsinenlikör darübergeben und wieder vorsichtig vermischen, durchziehen lassen. – Den Dorsch vom Fischhändler küchenfertig machen, in zwei Hälften teilen und die Gräten herauslösen lassen. – Zu Hause mit Zitronensaft beträufeln und salzen. Den Speck würfeln und in 8 EL Olivenöl in einer

großen Pfanne auslassen. Die Zwiebeln in Scheiben schneiden, die Knoblauchzehe durchpressen, beides mitbraten.
Mehl in eine flache Schale füllen, Eier mit Milch in einem Teller verquirlen, Paniermehl auf einen flachen Teller schütten. Das Paniermehl zuvor mit Pfeffer, Salz und dem geriebenen Käse gut vermischen. Jede Fischhälfte mit Küchenkrepp gut trockentupfen, in Mehl drehen, durch Ei ziehen und in dem vorbereitetem Paniermehl wenden. Paniermehl nochmals gut andrücken. Die braunen Zwiebeln und Speckstücke aus dem Öl nehmen, nun die Fischhälften hellbraun braten. Auf einer vorgewärmten Platte anrichten, Zwiebeln und Speck und die Chili-Birnen darübergeben. Dazu paßt ein sahniger Kartoffelbrei.

Zwiebel-Heringe mit Sauce tatar

4 grüne Heringe, Salz, Pfeffer, 4 geschälte Zwiebeln, 150g Butter, 4EL Mehl, 1 Ei, etwas Sahne, 8EL Paniermehl

Die Heringe vom Händler filetieren lassen. – Wenn Sie es selbst machen wollen: die Heringe am Rücken aufschneiden, die Filets an den Schwanzenden etwas lösen und beide Filets auf einmal von der Mittelgräte abziehen. Die Filets häuten, die Bauchgräten herausziehen, die Filets gerade schneiden, salzen und pfeffern. – Die Butter erhitzen und die gewürfelten Zwiebeln darin bräunen. – Die Hälfte der Filets mit der Hautseite nach unten auf ein mit Essig abgewischtes Arbeitsbrett legen, die Zwiebelwürfel darauf verteilen und auf jedes Filet ein passendes drücken. Die Filetpaare in Mehl drehen, in das mit Sahne verschlagene Ei tauchen und im Paniermehl wenden. In der heißen Butter bei mittlerer Hitze auf beiden Seiten braten. Auf einer Platte anrichten und die *Saucetatar* darübergeben.

Sauce tatar

1 mittelgroße geschälte Zwiebel, fein gewürfelt, 1 EL gehackte Petersilie, 1 TL gehackter Kerbel, 2 gehackte Sardellenfilets, 1 EL gehackte Kapern, 150 g Mayonnaise, 4 EL süße Sahne

Die Zutaten mit der Mayonnaise mischen; die süße Sahne darunterziehen.

Ganzer Kabeljau, paniert

1 Kabeljau von ca. 1500 g, 1 Zitrone, Salz, 6 EL Öl, 100 g geriebener Käse, 3 Eigelb, 50 g Mehl, 4 EL Paniermehl, 10 Tropfen Tabasco, 1 EL Sahne, 1 EL Kondensmilch, 50 g Butter, 2 geschälte Zwiebeln, 2 EL Tomatenmark, 1 P »Tomatensoße« (Fertigprodukt), 1 Zitrone, Petersilienzweige

Den Fisch vorbereiten und die Flossen abschneiden. Das Öl in eine Bratpfanne geben, den Fisch aufrecht hineinlegen und in den Fisch eine umgedrehte Tasse als Halt legen. Auf den Rost stellen und 20 Min. bei 200 Grad vorbraten. – Aus Käse, Eigelb, Mehl, Paniermehl, Tabasco, Sahne und Kondensmilch eine cremige Masse rühren. Den halbgegarten Fisch damit von allen Seiten bestreichen und weitere 20 Min. bei etwa 200 Grad braten. – Die Butter erhitzen, die gehackten Zwiebeln darin dünsten, Tomatenmark hinzufügen. Tomatensoße aus Fertigpulver zubereiten und mit den gedünsteten Zwiebeln und dem Tomatenmark verrühren. – Den Fisch auf eine gewärmte Platte geben, mit Zitronenachteln und Petersilienzweigen garnieren. Die Soße getrennt reichen.
Dazu: Butterreis mit gekochten Bananen.

Gefüllte Makrelen, in Maismehl gebraten

4 Makrelen, 1 Zitrone, Salz, 2 geschälte Zwiebeln, 60 g Butter, 4 EL gemischte Kräuter, 3 EL Paniermehl, Muskat, Salz, 6 EL Olivenöl, 2 EL Butter, Mehl, 2 Eier, ¾ Tasse Maismehl, Pfeffer, Petersilienzweige, 1 Zitrone

Die Makrelen küchenfertig kaufen, zu Hause vorbereiten. – Die feingehackten Zwiebeln in der Butter gelb dünsten, Kräuter, Paniermehl, geriebene Muskatnuß und Salz hinzufügen und zu einer nicht zu flüssigen Masse mischen. Mit dieser Masse die Makrelen füllen und mit Rouladennadeln zustecken. – Nun das Öl zusammen mit der Butter in einer großen Pfanne erhitzen. Inzwischen die trockengetupften Makrelen im Mehl drehen, durch die leicht geschlagenen Eier ziehen und im Maismehl wenden (das Mehl gut andrücken), in das Sie Pfeffer gemischt haben. – Im heißen Fett goldbraun braten. – Auf einer vorgewärmten Platte mit Zitronenachteln garniert und mit Petersilienzweigen verziert servieren.
Dazu: Kartoffel-Speck-Salat.

Grundrezept für Bierteig

zum Ausbacken von Fischen und Fischstücken. Sie können diesen schmackhaften Teig auch für andere Lebensmittel gebrauchen, die eine schützende Hülle beim Ausbacken benötigen.

500 g Mehl, etwas Salz, 1 EL Olivenöl, helles Bier nach Bedarf, 3 Eiweiß

Mehl, Salz und Öl vermischen; dann unter ständigem Rühren und schließlich Schlagen ganz langsam Bier dazugießen. Nehmen Sie so viel Bier, daß ein dickflüssiger Teig entsteht. – Diesen Teig nahezu eine Stunde ruhen lassen,

dann die sehr steif geschlagenen Eiweiß darunterziehen. Zum Ausbacken von Fisch, den Sie in dem Teig gut gewendet haben, brauchen Sie in der Regel etwa 5 Min. – Die fertigen Stücke auf Küchenkrepp legen, damit das restliche Fett gut aufgesogen wird.
Kleine Änderungen in der Zusammenstellung der Zutaten bringen Abwechslung, z. B.: 200 g Mehl, ¼ l Milch, 3 Eier, Salz.

Hechtfilet im Bierteig

4 Hechtfilets (je 150 g), 1 Zitrone, ⅛ l Milch, 120 g Mehl, ⅛ l Bier, 2 kl. Eier, Salz, Ausbackteig, 1 Zitrone, Petersilie

Die Hechtfilets unter fließendem kaltem Wasser kurz abspülen, auf Küchenkrepp legen und trockentupfen. In eine Schüssel geben und mit dem Saft einer halben Zitrone beträufeln, dann die Milch darübergießen; ca. 30 Min. in der Milch liegenlassen. Das Mehl in eine Schüssel geben und abwechselnd mit Bier und den Eiern verrühren (mit Salz würzen), bis sich ein glatter Teig ergibt. Die Filets abtropfen lassen und mit Küchenkrepp trockentupfen, etwas salzen und im Bierteig drehen. In dem inzwischen auf 180 Grad erhitzten Fritierfett die Filets in ca. 10 Min. goldbraun backen. – Mit Zitronenachteln und Petersilienzweigen garniert servieren. Dazu: Butterreis.

Scampi im Bierteig

200 g frische Scampi, ½ Zitrone, 75 g Mehl, 1 Eigelb, 1 EL Öl, 1 Pr. Salz, 1 T helles Bier, 1 Eiweiß, Ausbackfett

Die Scampi mit Zitronensaft beträufeln, einziehen lassen. Inzwischen für den Bierteig das Mehl mit dem Eigelb verrühren, Öl und Salz dazugeben und das Bier hineinrühren. Das Eiweiß steif schlagen und unter den Teig ziehen. Die Scampi durch den Teig ziehen und sofort in dem heißen Ausbackfett in etwa 2 Min. goldbraun backen.

Heringe im Teig

8 Filets von grünen Heringen, Salz, Mangosoße, 150g Mehl, 2 Eier, ½ T Milch, 1 Pr. Salz, ½ TL süßer Paprika (Pulver), 1 EL gehackte Petersilie, Ausbackfett

Zuerst den Teig zubereiten: das Mehl mit den Eiern, der Milch, der Prise Salz und dem Paprikapulver zu einem glatten Teig verquirlen. Den Teig 10 Min. stehen lassen. – Nun die Filets waschen, jedes längs halbieren, salzen und mit der Mangosoße bestreichen. Die Filetstücke in dem Teig wenden und im heißen Ausbackfett goldbraun backen.

Ölsardinen, gebacken

3 Dosen Ölsardinen, 2 Zitronen, Mehl, Salz, Pfeffer, 150g Mehl, 2 Msp. Backpulver, Öl aus den Dosen, etwas Wasser, Ausbackfett

Die Ölsardinen vorsichtig aus den Dosen lösen und in ein weitmaschiges Sieb zum Abtropfen legen, dann mit Zitronensaft von allen Seiten beträufeln. Vorsichtig, damit sie unbeschädigt bleiben, die Ölsardinen einzeln in Mehl wenden, das mit Salz und Pfeffer vermischt worden ist. Die Sardinen solange im Mehl wenden, bis sie trocken sind. Nun das mit dem Backpulver vermischte Mehl mit dem Öl und etwas Wasser (wie erforderlich) zu einem dickflüssigen Teig verrühren. Die Ölsardinen auf eine Gabel stecken, aber aufpassen, daß sie nicht auseinanderbrechen, in den Teig tauchen und im heißen Ausbackfett goldbraun backen.

Gebackener Seelachs

800 g Seelachsfilet, 1 Zitrone, Salz, 150 g Mehl, 2 EL Öl, 2 gr. Eier, ⅛ l helles Bier, Salz, Ausbackfett, 1 Zitrone, Petersilie

Den Fisch vorbereiten, mit Küchenkrepp trockentupfen. Aus Mehl, Öl, den Eiern, Bier und 1 Pr. Salz einen dicken, aber noch flüssigen Teig rühren. Die Fischfilets in dem Teig wenden und sofort im heißen Fett in etwa 4 bis 5 Min. goldbraun fritieren. Mit Zitronenachteln und Petersilienzweigen garniert servieren. Dazu: Kartoffelsalat und grüner Salat.

Schellfisch im Teigmantel

800 g Schellfischfilet, 1 Zitrone, Pfeffer, Senf, Schnittlauch, 150 g Mehl, 2 Eier, 2 EL Öl, etwas Wasser, Salz, Ausbackfett, Blätter vom Kopfsalat

Die Fischfilets waschen, trockentupfen, mit Zitronensaft beträufeln, 10 Min. einziehen lassen, erneut trockentupfen und pfeffern. Mit Senf bestreichen und mit kleinen Schnittlauchröllchen bestreuen. Aus 150 g Mehl, den Eiern und 2 EL Öl einen Teig rühren und nur so viel Wasser dazugeben, daß er dickflüssig bleibt; etwas Salz einrühren. Die Filets in den Teig drücken und sofort im heißen Ausbackfett goldbraun braten. Dazu: Kartoffelsalat mit frischer Gurke.

Gebackenes Fischfilet »Nagasaki«

800 g Fischfilet (4 Scheiben), 1 Zitrone, Sojasoße, Salz, Pfeffer, 2 Eier, 3 EL Stärkemehl, 1 geschälte Zwiebel, 2 EL Olivenöl, 1 kl. Dose Gemüseerbsen, 1 kl. Dose Ananasscheiben, 2 TL Stärkemehl, Sojasoße, Zucker, Salz, Ingwerpulver, Zitronensaft, Ausbackfett

Zuerst die Soße herstellen: die gewürfelte Zwiebel im Öl andünsten, die Flüssigkeit aus der Erbsen- und der Ananasdose hinzugeben, erhitzen und mit dem angerührten Stärkepuder binden. Mit Sojasoße, Zucker und Salz, dem Ingwerpulver und dem Zitronensaft süßsauer pikant abschmecken. Die Ananasscheiben in Stücke schneiden und zusammen mit den Erbsen in die Soße geben. Die Fischfilets waschen, abtropfen lassen, in etwa 5 cm breite Streifen schneiden, mit Zitronensaft beträufeln, einziehen lassen, mit Küchenkrepp trockentupfen, dann mit Sojasoße beträufeln und, erst bevor sie durch den Teig gezogen werden, salzen und pfeffern. Die Filets in einem Teig aus den mit dem Stärkemehl verschlagenen Eiern gut wenden und sofort in dem heißen Ausbackfett goldbraun backen. Auf einer vorgewärmten Platte anrichten, mit etwas Soße übergießen und die übrige Soße getrennt servieren. Dazu: Petersilienkartoffeln und Tomatensalat.

»Fisch-Snack« aus Schottland

600 g Fischfilet, Wasser, Salz, 6 gekochte, gepellte Kartoffeln, Salz, Pfeffer, gebratene Würfel von 1 Zwiebel, 1 Ei, 1 Eigelb, 1 Eiweiß, Paniermehl, Olivenöl, gehackte Petersilie

Filet in Salzwasser garen, abtropfen lassen, Fisch zerpflücken. Die gepellten Kartoffeln zerstampfen und mit den Fischstücken mischen, abkühlen lassen. Dann mit Salz und Pfeffer abschmecken, die gebratenen Zwiebelwürfel, 1 Ei und 1 Eigelb darunterrühren. Mit bemehlten Händen flache Küchlein formen, diese in dem ein wenig geschlagenen Eiweiß und dann im Paniermehl drehen. In heißem Olivenöl golden backen, mit Petersilie bestreuen.

Gratiniertes Dorschfilet mit Paprika

4 Dorschfilets, á 180 g, 1 TL Salz, ¼ TL weißer Pfeffer, Saft von 1 Zitrone, 1 EL Butter, 2 EL gehackte Petersilie, 2 mittelgroße Zwiebeln, 2 Knoblauchzehen, 100 g Pökelzunge, 10-15 paprikagefüllte Oliven, je 1 grüne und rote Paprikaschote

Die Filets unter kaltem Wasser abspülen, trockentupfen und mit Salz, Pfeffer und Zitronensaft einreiben. Die Butter erhitzen, Petersilie, feingehackte Zwiebeln und Knoblauchzehen zugeben und kurz andünsten. Diese Mischung in eine feuerfeste Form geben mit der in feine Streifen geschnittenen Pökelzunge. Die gewürzten Dorschfilets darauf legen. Oliven halbieren und gewaschene Paprikaschoten entkernen, in feine Streifen schneiden. Beides auf den Fisch verteilen, mit Butterflöckchen belegen und die Form im vorgeheizten Ofen bei 180 Grad 25–30 Minuten gratinieren. Dazu Kartoffelpüree, mit Kräutern vermengt, und gedünstete Zwiebelringe.

Zu den Abbildungen:

Seite 165: 1. Fischsalat »Florida« (Rezept S. 202)
2. Engl. Fischpudding »Prinz Charles« mit Sardellen (Rezept S. 98)
Seite 166: Scholle – gegrillt (Rezept S. 181)
Seite 167: Fischsülze mit Kräuterremoulade (Rezept S. 190)
Seite 168: Fischsalat »Fortuna« (Rezept S. 203)

Heringsbratlinge

500 g grüne Heringe, 1 Zitrone, 2 Salzheringe, 60 g durchwachsener geräucherter Speck, 2 geschälte Zwiebeln, 1 Bd. Petersilie, 20 g Butter, ¼ l Milch, 2 eingeweichte, ausgedrückte Brötchen, 2 Eier, Salz, Pfeffer, Edelsüß-Paprika, 2 EL süße Sahne, Paniermehl, 100 g Butter

Die grünen Heringe waschen, entgräten und mit Zitronensaft beträufeln, einziehen lassen. Salzheringe ebenfalls waschen, etwas wässern lassen und dann entgräten. Die Heringe zusammen mit dem Speck durch den Fleischwolf geben. Die Zwiebeln und die Petersilie fein hacken und in der heißgemachten Butter andünsten. Die in der Milch eingeweichten und ausgedrückten Brötchen mit einer Gabel gut zerdrücken, in eine Schüssel geben und mit der Herings-Speck-Masse, den Zwiebeln und der Petersilie, samt Fett, den Eiern und der Sahne gut vermischen. Mit wenig Salz, mit Pfeffer und Paprika würzen. Handtellergroße und fingerdicke Bratlinge formen, in Paniermehl wenden und in der Pfanne in der heißen Butter braten. Dazu: Reis oder Kartoffelbrei.

»Fisch-Hack« – gebraten

750 g Fischfilet (am besten Seelachs), 1 Zitrone, Salz, 50 g geräucherter Speck, 2 gr. geschälte Zwiebeln, ¼ l Milch, 2 eingeweichte, ausgedrückte Brötchen, Salz, Muskat, Pfeffer, Zitronensaft, 1 Bd. Petersilie, Paniermehl, 100 g Butter

Das Fischfilet nach der »goldenen 3-S-Methode« zubereiten und mit Küchenkrepp trockentupfen. Dann in Streifen schneiden und durch den Wolf drehen. Wenn Sie nun vorsichtig Salz hinzugeben, erreichen Sie die Bindung des Fischfleisches. – Den Speck und die Zwiebeln in Würfel

schneiden, gut in der Pfanne andünsten und zur Masse geben. Die ausgedrückten Brötchen und Gewürze hinzufügen – pikant abschmecken.
Nun die ganze Masse noch einmal durch den Wolf in eine Schüssel drehen, Zitronensaft und gehackte Petersilie hinzugeben. Den Teig so lange schlagen, bis er sich geschlossen von der Schüssel löst.
Aus dieser Masse mit angefeuchteten Händen Frikadellen formen, in etwas Paniermehl wenden und in 100 g Butter braun braten, ca. 6 Min. auf jeder Seite.
Sie können das »Fisch-Hack« aber auch zu einem »Hackbraten« verwenden, indem Sie die Masse brotähnlich formen, in Paniermehl drehen, mit Speckscheiben belegen und im Ofen ca. 25 Min. braten.

Fischfrikadellen

750 g Fischfilet, 1 Zitrone, 3 geschälte Zwiebeln, ½ TL abgeriebene Zitronenschale, 2 Eier, 1 Tasse Paniermehl, 1 Bd. Petersilie, Salz, Pfeffer, Muskatnuß, 2 EL Crème fraîche, evtl. Paniermehl, Mehl, Butter zum Braten

Fischfilet zubereiten, aber nicht salzen. Den Zitronensaft kurze Zeit einwirken lassen. Das Filet würfeln und die Würfel zusammen mit den grob gehackten Zwiebeln durch den Fleischwolf drehen. Die Masse mit der von einer unbehandelten Zitrone abgeriebenen Schale, den aufgeschlagenen Eiern, dem Paniermehl und der fein gehackten Petersilie mischen. Mit Salz, Pfeffer und Muskat (gerieben) würzen. Die Crème fraîche darunterziehen. Wenn die Masse sich nicht formen läßt, dann geben Sie noch etwas Paniermehl dazu. Formen Sie dann 10 Stück Frikadellen, die Sie mit Mehl einstäuben. Butter heiß machen und die Frikadellen etwa 4 Min. auf jeder Seite

kroß braten.
Geben Sie dazu Petersilienkartoffeln, mit etwas zusätzlich geschmolzener Butter abgeglänzt, und einen frischen gemischten Salat.

Fischfrikadellen in Kapernsoße

500g Fischfilet, 1 Zitrone, Salz, 2 eingeweichte und ausgedrückte Brötchen, 2 geschälte Zwiebeln, 1 Bd. Petersilie, 2 Eier, Salz, Pfeffer, Muskat, 60g Butter, ⅛ l Weißwein, ¼ l heißes Wasser, 2 P. »Helle Soße« (Fertigprodukt), 3 Röhrchen kleine Kapern

Fischfilet vorbereiten, in Würfel schneiden und mit den ausgedrückten Brötchen, den grob zerschnittenen Zwiebeln und der Petersilie durch den Fleischwolf drehen (feine Scheibe). Die Masse mit den Eiern vermischen und mit den Gewürzen pikant abschmecken. Kleine runde Frikadellen formen und in der heißen Butter von allen Seiten braun braten. Frikadellen herausnehmen, den Wein und das heiße Wasser hinzugießen. Das Soßenpulver hineinstreuen und einmal aufkochen lassen. Die Kapern hineinstreuen und die Frikadellen hineingeben und noch 10 Min. ziehen lassen, damit sie den Soßengeschmack annehmen. Dazu Salzkartoffeln und Salat.

Stockfischbällchen

3 Tassen trockener, gesalzener Stockfisch, 8 Tassen geschälte, gewürfelte Kartoffeln, 3 EL zerlassenes Nierenfett, 4 EL gehackte Zwiebeln, 3 Eier, 8 EL Öl

Den Stockfisch ca. 40 Min. unter langsam fließendes, kaltes Wasser geben. Dann in kleinere Stücke teilen und zusammen mit den Kartoffeln und wenig Wasser in ca. 35 Min. weich kochen. In dem Nierenfett die Zwiebelwürfel andünsten und alles zusammen mit den Eiern unter die Stockfisch-Kartoffel-Masse rühren. Das Öl in einer Pfanne erhitzen und die geformten kleinen Bällchen darin von allen Seiten braun braten. Dazu: Pellkartoffeln und Kopfsalat.

Fischkroketten

750 g Fischfilet, etwas Zitronensaft, etwas Wasser, Salz, 1 geschälte Zwiebel, 2 Gewürznelken, 1 Lorbeerblatt, 5 Pfefferkörner, 500 g geschälte Kartoffeln, etwas Wasser, 1 Tasse heiße Sahne, Muskatblüte, Pfeffer, 2 Eier, Mehl, Kokosfett

Die Fischfilets waschen, mit Küchenkrepp trockentupfen, dann mit etwas Zitronensaft beträufeln; in Würfel schneiden und in Salzwasser, in das man eine Zwiebel, gespickt mit den Nelken und dem Lorbeerblatt und den hineingedrückten Pfefferkörnern, gegeben hat, so lange kochen, bis die Würfel sehr weich geworden sind. Die Fischstücke herausnehmen und abtropfen lassen. – Inzwischen die halbierten Kartoffeln in etwas Salzwasser gar kochen, mit dem Kartoffelstampfer zu Mus drücken; die heiße Sahne und die Gewürze dazugeben und das Mus kräftig schlagen, bis es schaumig wird. Nun die Fischstücke darunterrühren, ebenso die Eier.
Nachwürzen. Aus dem Brei flache Rollen formen, diese in 5 cm lange Stücke schneiden, die in Mehl gedreht werden. In reichlich heißem Fett braun braten.

Heringsküchlein

4 grüne Heringe, 1 Zitrone, 3 mittelgroße, gekochte, gepellte Kartoffeln, 1 gr. geschälte Zwiebel, 2 EL Butter, Salz, Pfeffer, Öl zum Ausbacken

Die Heringe im Fachgeschäft enthäuten und entgräten lassen. Zu Hause waschen, trockentupfen und mit Zitronensaft beträufeln. Etwas einziehen lassen und mit den erkalteten Kartoffeln durch die feine Scheibe des Fleischwolfs drehen. Dann die Zwiebel würfeln, in der Butter braun rösten, unter die Fischmasse mischen und mit den Gewürzen kräftig abschmecken. – Aus der Masse flache Küchlein formen, die im heißen Öl schwimmend ausgebacken werden.
Dazu gibt es gebutterte Petersilienkartoffeln. In Schweden bestreicht man die heißen Küchlein mit Johannisbeergelee.

Das bekannteste Fischgericht, bei dem die Fische in Mehl gewendet werden, ist wohl:

Forelle nach Müllerin Art

4 Forellen (je 250g), 1 Zitrone, Salz, Pfeffer, Mehl, 50g Butter, 2 Bd. Petersilie, 50g Butter, 1 Zitrone, 1 Tomate

Forellen ausnehmen, putzen, vorbereiten und pfeffern; mit Küchenkrepp trockentupfen, nun in Mehl wenden und in der heißen Butter von jeder Seite 4 bis 5 Min. kroß braten. Herausnehmen und auf eine vorgewärmte Platte legen. Die feingehackte Petersilie, zusammen mit weiteren 50g Butter, in die Bratpfanne geben und erhitzen, über die Forellen gießen. Mit Zitronenscheiben und Tomatenachteln garniert servieren. Dazu: Petersilienkartoffeln.

Fischbeignets

500 g gekochter Fisch, 3 Eigelb, 3 EL Mehl, Salz, Pfeffer, Knoblauchpulver, 1 EL gehackte Petersilie, 3 Eiweiß, Ausbackfett

Den gekochten Fisch zerdrücken. Die Eigelb schaumig schlagen, das Mehl klümpchenfrei darunterrühren. Salz, Pfeffer, Knoblauchpulver (Menge nach Geschmack) und Petersilie dazurühren. Den zerdrückten Fisch hineingeben und gründlich verrühren. Das Eiweiß steif schlagen und unter die Masse ziehen. Mit zwei Eßlöffeln von der Masse abstechen und nacheinander ins heiße Öl geben. In ca. 4 bis 5 Min. golden ausbacken.

Rotbarben – gebraten, mit Kräutersoße

8 Rotbarben, 1 Zitrone, Salz, Pfeffer, 4 EL Mehl, 1 Tasse Olivenöl, 1 geschälte Zwiebel, 1 Zitrone, 1 Bd. Schnittlauch, Petersilie, Dill, Thymian, Kresse, 1 geschälte Zwiebel, 2 EL Essig, 1 EL Honig, 4 EL Olivenöl, Salz, Pfeffer

Die Fische putzen und vorbereiten, trockentupfen, pfeffern. In dem Mehl sorgfältig drehen. Das Öl in einer großen Pfanne erhitzen und die Rotbarben in 6 bis 9 Min. knusprig braun braten. Auf einer vorgewärmten Platte warm stellen, mit rohen, ganz dünn geschnittenen Zwiebelringen belegen und mit Zitronenachteln garnieren.
Für die Kräutersoße die Kräuter gründlich waschen, abtropfen lassen und mit einem scharfen Messer nicht zu fein hacken. Dann die Zwiebel fein würfeln. Die Kräuter, die Zwiebel, Essig, Honig, Olivenöl, Salz und Pfeffer zu einer Soße rühren, noch einmal abschmecken. Etwas Soße über die Rotbarben geben, die übrige getrennt reichen. Dazu: sahniger Kartoffelbrei, grüner Salat.

Zigeunerfisch

800g Fischfilet, 1 Zitrone, 3EL Mehl, 1TL Salz, ¼TL Pfeffer, 8EL Olivenöl, 100g durchwachsener geräucherter Speck, 30g Butter, 2 geschälte Zwiebeln, 4EL Mehl, ½l Brühe (Würfel), 100g Tomatenmark, 2 hartgekochte Eier, 200g Senfgurken, Salz, Pfeffer, Zucker, 1 Bd. Petersilie, 1 Bd. Schnittlauch

Fischfilets waschen, trockentupfen und mit Zitronensaft beträufeln, einziehen lassen, die Filets in große Würfel schneiden. Das Mehl mit Salz und Pfeffer vermischen, die Würfel darin wenden und im heißen Öl rundum braun braten. Inzwischen in einer Kasserolle den gewürfelten Speck in der Butter auslassen, die gewürfelten Zwiebeln darin andünsten. 4EL Mehl darin anschwitzen bis es gelb ist und dann mit der Brühe klümpchenfrei ablöschen, aufkochen lassen, 2 Min. durchkochen. Tomatenmark, die gewürfelten Eier und die gewürfelten Senfgurken darunterrühren, mit Salz, Pfeffer und Zucker pikant abschmecken. In einer großen Schüssel Fisch und Soße zusammen anrichten. Gehackte Petersilie und fein geschnittene Schnittlauchröllchen darüberstreuen. Dazu Butterreis.

Pfannfisch

600g gekochter Fisch (evtl. Reste), 125g Butter, 2 geschälte Zwiebeln, 1 Gewürzgurke, 250g gekochte Salzkartoffeln (evtl. Reste), Salz, Pfeffer, 5 Eier, 1EL gehackter Dill, 1EL gehackte Petersilie

Den Fisch in Blättchen zerlegen, etwa vorhandene Gräten entfernen. Butter in einer großen Pfanne erhitzen, gewürfelte Zwiebeln darin andünsten, Gurke in Scheiben zufügen und die in Scheiben geschnittenen Kartoffeln bräunen, salzen und pfeffern. Die Eier mit etwas Mineralwasser verquirlen, die gehackten Kräuter daruntermischen, den gekochten Fisch in die verschlagenen Eier geben und untertauchen. Mit einer Siebkelle die Fischstückchen herausnehmen und in die Pfanne geben. Ganz vorsichtig daruntermischen. Die restlichen verschlagenen Eier darübergießen und stocken, aber nicht zu fest werden lassen.

Fischfilet in zarter Eihülle

800g Fischfilet, 1 Zitrone, wenig Mehl, 2 Eier, 2EL heißes Wasser, Salz, Pfeffer, 1 Bd. Petersilie, Muskatnuß, gerieben, 100g Butter

Die Fischfilets säubern, säuern und mit Küchenkrepp trockentupfen, mit Mehl bestäuben und auf Küchenkrepp ablegen. Die Eier mit 2EL heißem Wasser verquirlen, mit Salz und Pfeffer kräftig würzen, die gehackte Petersilie darunterrühren und mit geriebener Muskatnuß kräftig abschmecken. Butter in eine große Pfanne geben, bei schwacher Hitze aufschäumen lassen. Fischfilets in dem verschlagenen Ei drehen und sofort ins Bratfett legen. Auf beiden Seiten goldbraun braten. Pfanne vom Herd nehmen, zudecken und den Fisch noch etwa 3 Min. ziehen lassen.
Dazu: Kartoffelsalat mit geschnittenen Eiern, Gewürzgurken, Speckwürfeln und Tomatenachteln.

Zander in Ei-Nuß-Hülle

4 Zanderfilets (zu je 200g), 1 Zitrone, 2 Eier, Salz, Pfeffer, Muskatnuß, 100g gemahlene Haselnüsse, Öl zum Braten, 1 geschälte Zwiebel, 1 Knoblauchzehe, 1 Bd. Petersilie

Zanderfilets säubern, säuern, Zitronensaft einziehen las-

sen. Inzwischen die Eier mit etwas Milch verschlagen, Salz, Pfeffer, geriebene Muskatnuß und gemahlene Haselnüsse darunterschlagen. Öl in der Pfanne erhitzen, gehackte Zwiebel und durchgepreßte Knoblauchzehe darin andünsten. – Zanderfilets trockentupfen und in der Eimasse gründlich drehen. Sofort in die Pfanne geben – jetzt sollte das Öl nicht mehr sehr heiß sein, weil sonst die Nüsse schwarz und bitter werden – und auf beiden Seiten golden braten. Auf einer vorgewärmten Platte anrichten und mit feingehackter Petersilie bestreuen.
Dazu: In Butter geschwenkte Bandnudeln.

Fischpfanne mit Käsereis

200g Kabeljaufilet, 200g Schollenfilet, 200g Rotbarschfilet, 200g Heilbuttfilet, 1 Zitrone, Salz, 8 EL Mehl, Pfeffer, 100g Butter, 2 geschälte Zwiebeln, Petersilie

Filets säubern, mit Zitronensaft säuern, einziehen lassen. Dann trockentupfen, salzen und in Würfel schneiden. In dem Mehl gut wenden und etwas pfeffern. Die Butter erhitzen, die Fischwürfel in folgender Reihenfolge: Rotbarsch, Heilbutt, Kabeljau, Scholle – darin von allen Seiten kroß braun braten, inzwischen die in feine Scheiben geschnittenen Zwiebeln hinzufügen und mit den Fischwürfeln braten, bis sie hellgelb sind. – Die Fischwürfel mit den Zwiebeln zusammen auf eine vorgewärmte Platte legen, mit der Butter-Brat-Soße übergießen, mit Petersilie garnieren.
Für den *Käsereis* 250g Reis nach Vorschrift zubereiten. Den heißen Reis mit 125g mittelaltem geriebenem Gouda vermischen – etwas Käse aufheben. Vier Tassen mit etwas Öl auspinseln und mit geriebenem Käse ausstreuen, den Reis hineinfüllen und einen Reiskegel auf jeden Teller stürzen.

Seezunge in Ei

4 Seezungen, 1 Zitrone, 2 Eier, Salz, Pfeffer, etwas Mehl, 150g Butter, 1 Zitrone, 1 Tomate, einige Petersilienzweige

Ein echtes Sonntagsgericht mit den wertvollen Seezungen, die Sie im Fachgeschäft abziehen und küchenfertig machen lassen. Zu Hause die Fische waschen und mit Küchenkrepp trockentupfen, dann mit Zitronensaft beträufeln, einziehen lassen. – Die Eier mit den Gewürzen kräftig verschlagen. Seezungen trockentupfen, mit Mehl bestäuben, dann durch das Ei ziehen und in die inzwischen in einer großen Pfanne erhitzte Butter legen, goldbraun braten. Flamme abschalten. Die Pfanne mit dem Deckel verschließen und noch drei Min. ziehen lassen; dies ist erforderlich, weil die Eihülle die Hitze mildert und die Seezungen noch etwas Zeit zum Garen brauchen, aber ohne Hitze, denn sonst würde die Eihülle zu dunkel. – Mit Zitronen-, Tomatenachteln und Petersilienzweigen garniert servieren.
Dazu: Petersilienkartoffeln und Würzbutter nach Wahl.

Paradiesfleisch mit Speckbananen

4 Scheiben Heilbutt, 1 Zitrone, 2 Eier, Salz, Pfeffer, Muskat, Basilikum, 6 EL Öl, 2 EL Butter, 4 Bananen, 4 dünne Scheiben Frühstücksspeck, etwas Mehl, 1 Zitrone

Heilbutt vorbereiten, Zitronensaft etwas einziehen lassen. Die Eier mit Salz, Pfeffer, geriebener Muskatnuß und etwas gehacktem Basilikum kräftig verschlagen. Öl zusammen mit der Butter in der Pfanne erhitzen und inzwischen die Bananen vorbereiten: schälen und mit den Speckscheiben schräg umwickeln. – Die Heilbuttschnitten mit Küchenkrepp trockentupfen, mit etwas Mehl bepudern und durch die Eimasse ziehen, sofort in das heiße Öl legen. Die Bananen ringsum an den Rand der großen Pfanne legen. Die Schnitten von jeder Seite 5 bis 6 Min. braten, bis die Hülle goldbraun ist. Die Bananen, die ebenfalls gewendet werden müssen, sind zur selben Zeit fertig. Fisch und Bananen zusammen auf einer vorgewärmten Platte, mit Zitronenscheiben garniert, servieren. Mit dem Bratfett übergießen.

Fischfilet »India«

4 Fischfilets, 1 Zitrone, Salz, 2 Eier, 3 Tüten gehobelte Mandeln, 150 g Butter, 1 gr. geschälter entkernter Apfel, 2 geschälte Bananen in Scheiben, etwa 20 Cocktailkirschen mit Saft, 1½ EL Curry, 1 TL Speisestärke

Die Fischfilets vorbereiten, trockentupfen. Die Eier gut verschlagen, die Fischfilets hindurchziehen und in die in einen flachen Teller gefüllten Mandelblättchen drücken. Die Filets in die in einer großen Pfanne heißgewordene Butter legen, bei milder Hitze (sonst werden die Mandeln schwarz) braten, bis die Hülle goldbraun ist; auf einer Platte warm stellen. Im Bratfett den gewürfelten Apfel, die Bananenscheiben und die Cocktailkirschen (mit deren Saft) dünsten. Den Curry hineinrühren und mit 1 TL angerührter Speisestärke andicken. Die Obst-Curry-Soße getrennt servieren. Dazu: Butterreis und gemischter Salat.

Grill-Marinade

¼ l Olivenöl, 2 geschälte, geriebene Zwiebeln, 1 geschälte, durchgepreßte Knoblauchzehe, Salz, Pfeffer, etwas Majoran (oder etwas Rosmarin oder Thymian)

Die Zutaten gründlich miteinander vermischen und die Fischstücke bis zu einer Stunde darin ziehen lassen.

Grill-Dips

Am schnellsten geht es mit Fertigprodukten, die Sie vielleicht noch etwas abwandeln können:

Barbecue-Dip – Soße aus der Flasche mit geriebener Zwiebel

Curry-Dip – 1 Flasche Curry-Soße mit einer zerdrückten Banane

Dip aus Zwiebelpüree – gekochte Zwiebeln zu Mus zerdrückt, mit kleinen Apfelstükken

Mango-Dip – aus der Flasche mit feingewürfelten frischen Pfirsichen

Zu diesen Dips können Sie, je nach Geschmack, eine feingeriebene Knoblauchzehe geben.

Grill-Gewürze

Frisch gemahlener Pfeffer schmeckt zu jedem Grillfisch ausgezeichnet, aber Sie können auch mit Rosmarin, Thymian, Majoran, Salbei – sparsam verwendet – ausgezeichnete Geschmackseffekte erzielen.

Seezungen vom Grill

4 Seezungen, Salz, flüssige Butter, 1 Tasse flüssige Butter, 1 Zitrone, 3 EL gehackte Petersilie

Die Seezungen vom Fischhändler abhäuten und küchenfertig machen lassen. – Zu Hause waschen, mit Küchenkrepp trockentupfen, salzen und mit der flüssigen Butter bestreichen. In einen Rotationsgrill zwischen die Haltegitter stecken, so daß sie sich in der Länge drehen. Auch während des Grillens mit flüssiger Butter bestreichen. Die

Seezungen sind schnell gar – Sie können die fortschreitende Garung feststellen, wenn Sie mit einem Löffel auf das Fleisch drücken: es ist gar, wenn es sich fest anfühlt. – Eine Tasse Butter erhitzen, den Saft einer Zitrone hineingießen und die gehackte Petersilie daruntermischen. – Die Seezungen auf einer vorgewärmten Platte anrichten und mit der Kräuterbutter-Soße übergießen. Dazu: Pellkartoffeln mit kalter Butter und Salz.

Scholle – gegrillt, mit Muschelsoße

4 Schollen, ca. 1,5 kg, ⅛ l Weißwein, 4 EL Zitronensaft, etwas abgeriebene Zitronenschale, Pfeffer, 1 große Zwiebel, Petersilie, Dill, ⅛ l Biskinöl, 1 Ds. Muscheln in pikanter Sauce (125 g), 1 Eigelb, 50 g gerieb. Käse, Salz

Die Schollen säubern. Aus Weißwein, Zitronensaft und -schale, Pfeffer, gehackter Zwiebel, Petersilie, Dill und Biskinöl eine Marinade rühren. Die Schollen mindestens 2 Std. darin durchziehen lassen; zwischendurch einmal wenden. – Dann die Fische herausnehmen und unter vorgeheiztem Grill 5–6 Min. von jeder Seite grillen. Inzwischen die Soße abgießen und danach mit Eigelb und Käse verrühren. Die Muscheln vorsichtig daruntermengen. Die gegrillten Schollen von beiden Seiten mit Salz würzen, die Muschelmasse auf der hellen Seite verteilen und nochmals kurz grillen. Dazu: Schwenkkartoffeln, Salat.

Gegrillte Scampi

12 Scampi-Schwänze, 3 EL Olivenöl, 3 EL Zitronensaft, Knoblauchpulver, Basilikum, Salz, Pfeffer, 15 g frische Champignons, 2 EL Zitronensaft, Olivenöl

Zuerst die Marinade bereiten, in der die Scampis 2 Stunden durchziehen sollen. Für die Marinade Olivenöl, Zitronensaft, Knoblauchpulver, Basilikum, Salz und Pfeffer – Menge der Gewürze nach Geschmack – vermischen. Die Champignons putzen, waschen, halbieren, mit Zitronensaft marinieren. Zum Grillen abwechselnd Scampis und Champignons auf 4 Spieße ziehen – mit Olivenöl bepinseln. Die Spieße auf das Grillgitter legen und von jeder Seite etwa 5 Min. grillen. Heiß servieren.
Tip: Als Beilage beliebt ist: *Knoblauchbrot.* Stangenweißbrot in Scheiben schneiden, aber nicht den Brotboden durchschneiden. Scheiben auseinanderbiegen, mit Knoblauchbutter bestreichen und am Grill anrösten, dann Scheiben abbrechen.

Gegrillte Forellen

4 Forellen, 1 Zitrone, Salz

Die küchenfertigen Forellen vorbereiten, innen und außen mit Salz einreiben. Den gut vorgeheizten Grill mit Alufolie belegen und die Forellen nebeneinander darauf geben. Von jeder Seite etwa 10 Min. grillen.
Dazu: in der Holzkohlenglut gegarte Folienkartoffeln.
Tip: Grillkartoffeln in Folie werden gleichzeitig mit dem Fisch gar, wenn Sie sie vorher halbgar kochen.

Sardinen – gegrillt

1 Paket Sardinen, tiefgekühlt, Öl, 1 Zitrone

Sardinen auftauen, dann mit Öl bepinseln. Starke Alufolie über den heißen Grillrost legen, darauf die Sardinen, die von jeder Seite 4 Min. gegrillt werden. – Zitrone, in Scheiben geschnitten, zum Beträufeln dazureichen.

Gegrillte Schollen, einfach

4 Schollen, 1 Zitrone, Salz, Öl zum Bestreichen

Schollen nach der »3-S-Methode« vorbereiten, trockentupfen. Mit Öl bepinseln, Alufolie auf den Grill legen, darauf die Schollen – mit der weißen Seite nach unten. Auf jeder Seite etwa 10 Min. grillen.
Tip: Die Fische bei starker Hitze auf beiden Seiten angrillen und anschließend unter häufigem Wenden bei der nun schwächer werdenden Glut fertig grillen.

Barsche – gegrillt, in saurer Soße

4 kl. Barsche, 1 Zitrone, Olivenöl, Kräutersalz, 50 g Butter, 50 g Mehl, ½ l Brühe (Würfel), 2 Eigelb, 4 EL verschiedene, gehackte Kräuter, Zitronensaft, Senf, Zucker

Die Barsche ausnehmen, putzen, säubern und mit Zitronensaft säuern. Mit Küchenkrepp trockentupfen. Das Öl mit Kräutersalz würzen, die Barsche damit bepinseln. Der Grill ist inzwischen vorgeheizt worden, der Rost ist heiß; nun Alufolie darauflegen und Fische rundherum braun grillen. Für die Soße aus Fett und Mehl eine Schwitze zubereiten, mit der Brühe ablöschen, aufkochen lassen; nicht mehr kochen. Mit den angerührten Eigelben legieren. Die gehackten Kräuter darunterziehen. Die Soße mit Zitronensaft säuern und mit mildem Senf und Zucker die Schärfe nehmen.
Tip: Es gibt Grillbräter in Fischform, die aus einem Drahtgerüst bestehen und sowohl die Grillhitze an den Fisch lassen als auch das problemlose Wenden der Fische ermöglichen, wobei die Fische unbeschädigt bleiben.

Steckerlheringe

Die aus Süddeutschland bekannten »Steckerlfische« lassen sich natürlich auch mit norddeutschen Heringen herstellen:

8 Heringe, Öl zum Bepinseln, Kräuter der Provence, Senf, Salz nach Belieben

Die Heringe ausnehmen, waschen, Flossen abschneiden, abtrocknen, am Rücken und an der Seite einschneiden. Öl mit Kräutern aus der Provence mischen, die Heringe damit bepinseln. Die Fische auf genügend große »Stekken« (Holzstäbe) schieben und im Abstand von 15 bis 20 cm auf den Grillrost oder über das Holzkohlenbecken legen oder – ganz zünftig – so in die Erde stecken, daß sich ebenfalls der richtige Abstand von 15 bis 20 cm zur Glut ergibt. So lange grillen, bis die Fische gut braun sind. Kurz vor Ende der Grillzeit die Fische mit Senf bestreichen oder salzen. – Sofort heiß mit Kartoffelsalat servieren.

Es folgen einige Rezepte, die auf Ihren häuslichen Grill abgestimmt sind, nämlich in Ihrem Gas- oder Elektroherd.

Blauleng im Speckmantel – gegrillt

4 Blaulengkoteletts – ca. 3 cm dick, 1 Zitrone, Salz, Pfeffer, 8 dünne Scheiben vom durchwachsenen Räucherspeck, 2 EL Öl, 4 EL Öl, Senf, Petersilie, Dill, Schnittlauch

Die Koteletts säubern, säuern, salzen, mit Küchenkrepp trocknen. Nun pfeffern und in je zwei Scheiben Speck hüllen. Zusätzlich mit Öl bepinseln. Den Fisch auf den vorgeheizten Rost legen und braun grillen. Während des Garens mit einer Marinade, hergestellt aus Öl, Senf und gehackten Kräutern, auf jeder Seite bestreichen. Dazu: frisches Meterbrot und grüner Salat.

Heilbutt mit Mandeln – gegrillt

800g Heilbutt, 1 Zitrone, Salz, 8EL Öl, 1 Dose Ananasscheiben, 2 Beutel Mandelblättchen (Fertigprodukt)

Heilbutt in vier Portionen teilen, vorbereiten, Zitronensaft einziehen lassen. Mit Küchenkrepp trockentupfen und mit Öl bepinseln. Auf den Rost legen, zusammen mit den Ananasscheiben. Unter den vorgeheizten Grill schieben, bei nicht zu starker Hitze von jeder Seite 5 Min. grillen. 2 Min. vor Ende des Grillvorganges die Mandelblättchen aufstreuen. Dazu: ein kräftiger Specksalat.

Makrelen – gegrillt, mit »Sauce-verde«

8 Makrelenfilets, 1 Zitrone, Salz, Pfeffer, 50g flüssige Butter, ⅛ l Öl, 2 hartgekochte, feingehackte Eier, 1 Essiggurke, 1EL Kapern, 125g Mayonnaise, je 1EL verschiedene gehackte Kräuter, 3EL saure Sahne

Filets säubern, säuern, salzen und pfeffern; mit Küchenkrepp trockentupfen. Beidseitig mit der flüssigen Butter bestreichen. Zuerst mit der Hautseite auf den Rost legen und unter den vorgeheizten Grill schieben, jede Seite ca. 4–5 Min. grillen. Aus dem Öl, den feingehackten Eiern, der feingehackten Gurke und den gehackten Kapern eine Soße rühren und die Filets von Zeit zu Zeit damit betupfen und bestreichen. Die gegrillten Makrelenfilets auf eine vorgewärmte Platte legen und dazu eine »Sauce verde« (grüne Soße) reichen: die Mayonnaise mit den verschiedenen Kräutern (Dill, Petersilie, Schnittlauch, Estragon, Borretsch) mischen und mit 3 EL saurer Sahne verrühren. Dazu: Petersilien-Reis.

Kabeljau – gegrillt, flambiert mit Calvados

4 Kabeljaukoteletts (je 200g), 1 Zitrone, 8EL Olivenöl, 8EL Apfel-Cidre, Salz, Pfeffer, 1 geschälte, geriebene Zwiebel, 2 Gläschen Calvados (50%).

Die Kabeljaukoteletts waschen, abtrocknen und mit Zitronensaft säuern. Olivenöl mit Apfel-Cidre, Salz, Pfeffer und der geriebenen Zwiebel gut mischen. Fisch damit bestreichen und unter vorgeheizten Grill schieben. Auf jeder Seite 4 Min. grillen, häufig mit Marinade bestreichen. Nach 8 Min. die Koteletts auf je einen Teller legen und mit dem angewärmten Calvados übergießen; mit einem langen Flambierstreichholz anzünden.
Dazu: Champignons in Sahne-Soße und Kartoffelbrei.

Mariniertes und Gesalzenes

»Über dem satten Bauch
lächelt ein fröhliches Haupt.«

(Sprichwort)

Abgesehen von den berühmten »Katerfrühstück« möchte ich Ihnen zeigen, daß Mariniertes immer eine Bereicherung der Tafel ist; als Hauptgericht oder als kleine delikate Nebensache ist es oft das Tüpfelchen auf dem »i«.
Marinieren heißt Fisch durch Einlegen in eine Flüssigkeit zu verfeinern, den Geschmack zu beeinflussen und zu konservieren. Die meisten Marinaden bestehen aus Wein, Essig, Öl und Gewürzen. Es gibt gekochte Marinaden, rohe Marinaden und Kurzmarinaden. Für kleine Stücke (Fischfilets, Grillfisch) genügen ungekochte Marinaden. Gekochte Marinaden ziehen rascher ein, sie müssen aber abgekühlt sein. Die Kurzmarinade ist für kleine Stücke, die gleich gegart werden sollen.
Immer soll die Marinade den Fisch bedecken. Obenauf sollten Gemüse, Zwiebeln oder Kräuter liegen. Von der Marinade können Sie gut einen Teil später für eine Soße verwenden. Als Gefäße kommen emaillierte Töpfe, Glasschüsseln oder Töpfe aus Edelstahl in Frage, aber nicht Aluminium, Kupfer, Messing oder Eisen. Schüsseln aus Steingut nur dann verwenden, wenn Sie wissen, daß kein Blei in der Glasur ist.

Hier die 3 Grundrezepte:

Gekochte Marinade

100 g Möhren, 3 geschälte Zwiebeln, 1 Petersilienwurzel, 1 St. Sellerieknolle, 1 geschälte Knoblauchzehe, 1 l Weißwein, 1 T Essig, 2 T Öl, 1 Lorbeerblatt, 6 Pfefferkörner, 1 Nelke, 1 Pr. Salz

Das Gemüse putzen, waschen, in Stücke schneiden, die Zwiebeln und die Knoblauchzehe in Scheiben, dann alles im Öl in einem Topf etwas anrösten. Mit den Flüssigkeiten ablöschen, die Gewürze zufügen und etwa 30 Min. kochen. Abgekühlt verwenden.

Rohe Marinade

100 g geschälte Möhren, 100 g geschälte Zwiebeln, 2 geschälte Knoblauchzehen, ½ geschälte Sellerieknolle, 1 Petersilienwurzel, Thymian, Lorbeerblatt, 4 Nelken, 6 weiße Pfefferkörner, 1 l Weißwein, 2 T Weinessig, 2 T. Olivenöl, 1 Pr. Salz

Möhren, Zwiebeln und Knoblauchzehen putzen und in Scheiben schneiden. Sellerieknolle und Petersilienwurzel putzen und würfeln. Alles mit den Gewürzen, dem Wein, dem Essig und mit dem Öl zusammen in eine große Schüssel geben. – Die Marinade ist sofort verwendungsfähig.

Kurzmarinade

1 geschälte Zwiebel, einige Petersilienzweige, 1 Thymianzweig, 6 EL Zitronensaft, 1 EL Olivenöl, 3 EL Weinbrand, 1 Lorbeerblatt, Pfeffer, 1 Pr. Salz

Die Zwiebel, Petersilie und den Thymian fein hacken. Zitronensaft, Öl und Weinbrand in einer Schüssel verrühren, Zwiebel und Kräuter zufügen, ebenso die Gewürze und das Lorbeerblatt. Mit dieser Marinade erzielen Sie die besten Erfolge, wenn Sie die Fische im Kühlschrank marinieren.

Das »As«:

Eingelegte Bratheringe

1500 g grüne Heringe, Zitronensaft, Salz, Mehl, Fett zum Braten, »Gekochte Marinade«, 1 EL Senfkörner, etwas Zucker

Heringe säubern, von der Mittelgräte befreien und versuchen, auch die großen Seitengräten herauszuziehen. Mit Zitronensaft innen und außen säuern, innen und außen salzen. Mit Küchenkrepp trockentupfen, gut in Mehl wenden. Das Bratfett in einer großen Pfanne erhitzen, die Heringe bei mittlerer Hitze von beiden Seiten goldbraun braten. Die Marinade – zusätzlich durch Senfkörner und Zucker ergänzt – kochen und abgekühlt über die erkalteten Heringe gießen. Als Beilage zu Bratkartoffeln, Kartoffelsalat oder zu anderen Gerichten servieren.

Heringe nach Hausfrauenart

20 Salzheringsfilets; für die Marinade: *5 EL Essig, 4 EL Wasser, 2 EL Zucker,* für die Beize: *½ l saure Sahne, ¼ l geschlagene süße Sahne, 1 Gewürzgurke, 2 geschälte, entkernte, säuerliche Äpfel, 3 geschälte Zwiebeln, 2 EL feine Schnittlauchröllchen*

Die Filets 12 Stunden wässern; dann mit Küchenkrepp trockentupfen. In eine Schüssel legen und mit der zusammengerührten Marinade übergießen. Einige Stunden ziehen lassen, einmal (zur Halbzeit) wenden. Die saure Sahne mit der geschlagenen süßen Sahne mischen, die Gurke und die Äpfel würfeln, die Zwiebeln in dünne Scheiben schneiden. Alles zusammen mit den Schnittlauchröllchen unter die Sahne ziehen. Die Filets herausnehmen und in eine Anrichteschüssel schichten; auf jede Schicht von dem Sahne-Beilagen-Gemisch etwas geben, den Rest darübergießen. Einige Stunden ziehen lassen. Dazu: Pellkartoffeln.

Fischsülze mit Kräuterremoulade

300 g Möhren und Sellerie, 400 g Seelachsfilet, Salz, 2 Nelken, 2 Wacholderbeeren, ½ Lorbeerblatt, 100 g Gewürzgurke, Fischsud, 6 Blatt weiße Gelatine, Essig, Zucker, gehackte Kräuter
Remoulade: *250 g Magerquark, 1 Ei, Senf, Salz, 40 g Öl, 1 Becher Joghurt, gehackte Kräuter, Meerrettich, 100 g geriebener Apfel, 1 Tomate*

Gemüse putzen, unzerkleinert mit Salz und Gewürzen in 2 Tassen Wasser garen. Fisch abwaschen, säuern, salzen, im Gemüsesud garen. Dann den Sud abseihen, Gelatine einweichen, in heißem Sud auflösen, pikant süß-sauer abschmecken. Fisch zerkleinern, Gemüse und Gewürzgurke in Streifen bzw. Scheiben schneiden. Alle Zutaten dekorativ in eine flache Form legen, den Sud darübergießen, Kräuter darüberstreuen und erstarren lassen.
Für die Remoulade Quark mit Ei, Gewürzen und Öl glattrühren, Joghurt dazugeben und gut verschlagen, mit den restlichen Zutaten abrunden, zu der Sülze servieren. Als Ergänzung Bauernbrot, Butter und Radieschen reichen.

Eingelegte Rollmöpse

6 Salzheringe, 4 geschälte Zwiebeln, 3 Gewürzgurken, 1 rote Paprikaschote, Senf zum Bestreichen; für die Spezialmarinade zusammenrühren: *1 EL Senf, ¼ l Kräuteressig, ¼ l abgekochtes Wasser, Zucker, Senfkörner, Pfefferkörner, Wacholderbeeren*

Salzheringe 12 Stunden wässern, Mittelgräten entfernen und die Fische filetieren. Kalt abspülen und mit Küchenkrepp trockentupfen. Zwiebeln, Gurken und Paprika in Streifen schneiden. – Die Heringsfilets mit Senf bestreichen, Zwiebel-, Gurken- und Paprikastreifen quer darauflegen, aufrollen und mit hölzernen Zahnstochern feststecken. Die gerollten Filets in eine Schüssel geben – falls Gemüsestreifen übriggeblieben sind, dazugeben – und die Marinade darübergießen. 3 Tage im Kühlschrank ziehen lassen.

Interessanterweise habe ich bei uns immer nur marinierte Heringe angetroffen. Das liegt daran, daß sich andere Fische nicht in einer Marinade halten, weil sie zu groß (zu dickfleischig) sind, es würde ein Gärungsprozeß in Gang kommen, der den Geschmack und die Haltbarkeit beeinträchtigt. Dagegen lassen sich kleinere Teile wie Muscheln und Krabben gut marinieren. Trotzdem habe ich es einmal mit Fischfilet versucht und es ist gut gelungen:

Marinierter Rotbarsch

4 Rotbarschfilets, Zitronensaft, ¼ l Wasser, 1 T Weinessig, 3 geschälte Zwiebeln, 1 Lorbeerblatt, 10 Pfefferkörner, 5 Pimentkörner, 1 TL Senfkörner, Zucker nach Geschmack, 1 EL gehackter Dill

Die Filets waschen und säuern. Die Marinade aus den Zutaten zusammenstellen, in einem Topf aufkochen. Die Filets einlegen und bei ganz milder Hitze etwa 15 Min. ziehen lassen. Zugedeckt und abgekühlt noch 24 Stunden im Kühlschrank stehen lassen.

Marinierte Fischfilets habe ich dagegen oft in Skandinavien gegessen; die delikaten Marinaden hatten es mir besonders angetan. Doch ihre Zubereitung war ein streng gehütetes Geheimnis; mit einem Koch in Oslo gelang es mir Rezepte zu tauschen – zwei von mir, eines von ihm –, und dabei verriet er mir, daß in diesen berühmten Marinaden statt Zucker nur *weißer Kandis* verwendet wird. Versuchen Sie es einmal!

3 Grundregeln:
- Nehmen Sie immer rohen Fisch, enthäutet und ungesalzen
- Die Beize muß den Fisch immer gut bedecken
- Der Fisch muß mindestens 4 bis 5 Stunden in der Marinade ziehen

Seelachs mit Kandis

4 Seelachsfilets, Sherry, 2 Lorbeerblätter, 15 getrocknete Holunderbeeren, 1 EL Kümmel, weißer Kandis

Seelachsfilets gesäubert in mundgerechte Würfel schneiden, in eine Schüssel legen, die Marinade darübergeben und mit weißem Kandis bedecken.

Makrelenfilets mit Kandis

8 Makrelenfilets, kleine getrocknete Pfefferschoten, 3 geschälte Zwiebeln, Estragonessig, 3 Gewürznelken, Knoblauchsalz, weißer Kandis

Acht Makrelenfilets säubern und trockentupfen. Den Boden einer Schüssel mit kleinen Pfefferschoten bedekken. Die Zwiebeln klein hacken, die Zwiebelwürfel daraufstreuen. So viel Essig eingießen, daß die Filets bedeckt sind. Die Nelken dazugeben und Knoblauchsalz daraufschütten (nicht sparsam sein). Nun mit einem Schneebesen die Marinade durchschlagen und die Filets einlegen. Mit weißem Kandis reichlich bedecken.

Rotbarschfilets mit Kandis

4 Rotbarschfilets, 6 Zitronen, 1 Schuß Weinbrand, getrocknete Pfefferschoten, 2 grüne Chilischoten, 3 geschälte Zwiebeln, 2 Spritzer Tabasco, 1 TL Meersalz, weißer Kandis

Die Rotbarschfilets säubern. Aus Zitronensaft, Weinbrand, den fein gehackten Pfefferschoten, den ganzen Chilischoten, gehackten Zwiebeln, Tabasco und Meersalz eine Marinade herstellen. Die Filets einlegen und mit Kandis gut bedecken.

Der Matjes

Unter den Spezialitäten nimmt der Matjes einen besonders hohen Rang ein. »Matjes«, aus dem Holländischen »Maidje« = Mädchen, ist der Ersthering der Saison, der Jungfernhering, der im Frühjahr bis Frühsommer gefangen wird. Wenn das Meer sich erwärmt, findet er besonders reichlich Nahrung, darum steckt er voller Vitalstoffe, hat viel Eiweiß und hochgesättigte Fettsäuren. Maßgebend für seinen zarten Geschmack ist die Salzung. Die Holländer salzen nur leicht, daher schmeckt er ganz zart und verträgt sich gut mit Gewürzen und Kräutern. Die Skandinavier verwenden außerdem noch etwas Zucker, dessen Verwendung Sie dann am rosa Farbton erkennen. Dieser Matjes schmeckt ganz leicht süß-sauer. – Allemal ist er wohlschmeckend und zart, mit feinem fettem Fleisch; er muß nur noch entgrätet werden.
Daneben steht der *Salzhering*, der aber kräftig gesalzen wird und deshalb gewässert werden muß; auch er muß

noch regelmäßig entgrätet werden. Auch der Salzhering ist zart und wohlschmeckend – für seine Verwendung gebe ich Ihnen auch einige Beispiele.

An der Spitze steht:

Matjes und neue Kartoffeln mit Kräutersoße

800g neue Kartoffeln, 8 Matjesfilets, 3 EL Kapern, 1 geschälte Zwiebel, 1 hartgekochtes gepelltes Ei, 1 EL Öl, 1 EL mittelscharfer Senf, ½ EL Weinessig, Salz, Pfeffer, 1 geschälte Knoblauchzehe, ¼ l Sahne, 1 Bd. Dill, 1 Bd. Petersilie, 1 Bd. Schnittlauch

Die Kartoffeln waschen und kochen. Inzwischen die Matjesfilets einzeln zusammenrollen und nebeneinander in eine flache Schüssel stellen. Die Zwiebel in Scheiben schneiden und über die Matjes einzelne Ringe geben, mit den Kapern bestreuen.
Das Eigelb (vom hartgekochten Ei) mit Öl, Senf, Essig, Salz und Pfeffer verrühren. Die Knoblauchzehe hineinpressen und alles mit der Sahne langsam glattrühren. Die Kräuter fein hacken (die Hälfte vom Dill zurücklegen) und unter die Soße ziehen. Die Kartoffeln abgießen und pellen. Mit der Hälfte des Dills bestreuen. Matjesröllchen, neue Kartoffeln und Kräutersoße getrennt servieren.

Omas Matjesfilets auf Vanilleeis

8 Kugeln Vanilleeis, 8 Matjesfilets, 1 geschälte rote Zwiebel, Dill, Petersilie

Eine große Platte mit Vanilleeis auslegen; dazu die einzelnen Kugeln flach drücken. Die Matjesfilets darauf hübsch anrichten, mit den Zwiebelringen und den fein gehackten Kräutern bestreuen. Dazu: Bauernbrot mit Butter.

Matjes mit grünen Bohnen, Pellkartoffeln und Speckstippe

500 g grüne Bohnen, Salz, etwas Bohnenkraut, 1 Pr. Zucker, 40 g Butter, 500 g Kartoffeln, 2 TL Kümmel, 200 g geräucherter durchwachsener Speck, 8 Matjesfilets, 1 geschälte Zwiebel, Petersilie

Bohnen und Kartoffeln zur gleichen Zeit kochen. Die Bohnen putzen, waschen und mit wenig Bohnenkraut und 1 Pr. Zucker in das kochende Salzwasser legen, ca. 20 Min. garen. Kartoffeln waschen und ungeschält mit 2 TL Kümmel in Salzwasser 20 Min. kochen. Inzwischen den Speck in sehr feine Würfel schneiden und in einer Pfanne auslassen. Die Matjesfilets in die Mitte einer großen flachen Schüssel legen und mit Zwiebelringen belegen. Die Bohnen abgießen und in der geschmolzenen Butter schwenken, in die Schüssel geben. Die Kartoffeln abgießen, pellen und ebenfalls in die Schüssel legen. Die Speckwürfel mit dem Fett über Kartoffeln, Bohnen und Matjes gießen. Mit gehackter Petersilie bestreuen.

Matjesauflauf

600 g gekochte, gepellte Kartoffeln, 500 g geschälte Tomaten, 8 Matjesfilets, Butter zum Ausfetten, 4 geschälte Zwiebeln, 100 g durchwachsener Speck, 50 g Butter für Flöckchen, Petersilie

Kartoffeln in Scheiben schneiden; Tomaten überbrühen, abschrecken, Haut abziehen. Eine feuerfeste Form gut ausfetten und die Hälfte der Kartoffelscheiben hineinlegen. Die Tomaten in Achtel schneiden, auf die Kartoffeln geben. Matjes probieren – je nach Salzgehalt wässern oder ungewässert in Würfel schneiden, auf die Tomaten streuen. Zwiebeln, in Scheiben geschnitten, darübergeben, ebenso den gewürfelten und gebratenen Speck. Mit den restlichen Kartoffelscheiben abdecken, mit Butterflöckchen besetzen. Die Form in den vorgeheizten Backofen schieben und ca. 30 Min. bei 200 Grad backen. Herausnehmen und mit feingehackter Petersilie bestreuen.

Heringspudding

500 g gekochte, gepellte Kartoffeln, 3 Salzheringe, 75 g Butter, 1 geschälte Zwiebel, Butter, 3 Eigelb, 3 Eiweiß, Butter zum Ausfetten, 2 P. »Helle Soße«, ½ l Wasser, 1 Ecke Kräuter-Schmelzkäse, Petersilie, Dill

Die kalten Kartoffeln reiben, in eine Schüssel geben. Die in Milch entsalzten Salzheringe putzen und entgräten, durch den Fleischwolf drehen, mit den Kartoffeln mischen. 75 g Butter schaumig rühren, die gehackte Zwiebel in etwas Butter andünsten, erkalten lassen, unter die schaumige Butter rühren. Die Eigelb daruntergeben. Alles mit der Kartoffel-Herings-Masse vermischen. Die Eiweiß steif schlagen und vorsichtig darunterziehen. Eine Puddingform gut ausfetten, die Masse einfüllen und im Wasserbad 1 Stunde bei mäßiger Hitze simmern lassen. Die »Helle Soße« nach Vorschrift zubereiten. Bei milder Hitze die Käseecke darin schmelzen und die gehackten Kräuter hineinrühren. Zum Pudding servieren.
Tip: Salzheringe sollten immer unter der Pökellake liegen, damit ihr reiner Geschmack erhalten bleibt. Vor der Verarbeitung muß dem Hering ein Teil des Salzes wieder

entzogen werden. – Entweder wässern Sie den ganzen Hering 24 Stunden (Wasser von Zeit zu Zeit erneuern) oder Sie entgräten ihn, nehmen ihn aus, putzen und wässern ihn 8–10 Stunden. Danach die Haut entfernen. Wenn es möglich ist, sollten Sie immer Milch oder Buttermilch anstelle von Wasser nehmen!

Angeheiterter Salzhering

4 Salzheringe, Buttermilch, ½ l Brühe (Würfel), ⅛ l Rotweinessig, 4 EL Zucker, 1 EL Dillzweige, 2 Lorbeerblätter, 1 EL weiße Pfefferkörner, 5 Pimentkörner, 5 Wacholderbeeren, 1 TL Kümmel, 3 geschälte rote Zwiebeln, 1 Glas Aquavit (8 cl), Dill

Salzheringe putzen, entgräten, in Filets teilen, über Nacht in Buttermilch legen. – Brühe herstellen, mit Essig, Zucker und den Gewürzen aufkochen, ca. 20 Min. leicht kochen lassen. Salzheringsfilets abtrocknen und bei allen die Häute mit einem Ruck abziehen, mit Küchenkrepp trokkentupfen, dann in ca. 3 cm breite Stücke schneiden. Nun in eine tiefe Glasschüssel legen, dazwischen die in ganz dünne Scheiben geschnittenen Zwiebeln. Die mit den Gewürzen gekochte Brühe durch ein Sieb gießen, mit dem Aquavit mischen und über die Salzheringe geben. Im Kühlschrank 6 bis 7 Stunden ziehen lassen. Danach, mit Dillzweigen garniert, in der Marinade und mit knusprigen Bratkartoffeln servieren.

Gemischter Salzheringssalat

4 Salzheringe, 2 hartgekochte gepellte Eier, 1 geschälte Zwiebel, 1 Gewürzgurke, 4 eingelegte Paprikaschoten, 4 EL Öl, 1 TL Senf, 5 EL saure Sahne, Weinessig, Salz, Pfeffer, Paprika, edelsüß

Salzheringe ausnehmen, Kopf, Schwanz und Flossen entfernen, säubern und sorgfältig entgräten. 8–10 Stunden in Buttermilch legen, herausnehmen und die Haut abziehen. Heringe in mundgerechte Stückchen schneiden, in eine Schüssel geben. Die hartgekochten Eier fein hacken. Zwiebel in Ringe schneiden, etwas in Salz und dann in Milch ziehen lassen. Zu den Heringen geben. Gewürzgurke und die Paprikaschoten kleinschneiden, Öl, Senf, Sahne, Essig, Salz, Pfeffer und Paprikapuder zu einer Soße zusammenrühren. Gut durchschlagen und dann über die anderen Zutaten geben. Etwas durchziehen lassen. In eine mit Salatblättern ausgelegte Schüssel umfüllen.

Burgunderheringe auf Apfel

4 bis 5 Salzheringe, Buttermilch, ½ l roter Burgunder, 2 EL Rotweinessig, 50 g Kandis, 4 Gewürznelken, 2 Lorbeerblätter, evtl. Salz, 50 g Butter, 1 geschälte Zwiebel, 1 gehäufter EL Mehl, ⅛ l süße Sahne, 1 Glas Kapern. 1 EL gehackte Petersilie, 2 säuerliche Äpfel, 1 Zitrone, 2 geschälte Zwiebeln, Dill, 8 Scheiben Bauernbrot, dick buttern

Für dieses Gericht müssen Sie bereits 2 Tage vorher beginnen: Salzheringe putzen, entgräten, über Nacht in Buttermilch legen. – Am nächsten Tag den Wein, Essig, Kandis und Gewürze aufkochen, etwas abkühlen lassen. Die trockengetupften Heringe in Filets teilen und enthäuten. Filets in eine Schüssel legen und mit dem Sud übergießen, 24 Stunden ziehen lassen. Das Fett erhitzen, die Zwiebel daranreiben und das Mehl anschwitzen, die geschlagene Sahne darunterziehen, ebenso die Kapern und die gehackte Petersilie. Bauernbrot gut buttern, das Kerngehäuse der Äpfel (ungeschält) ausstechen, in dicke

Scheiben schneiden, mit etwas Zitronensaft beträufeln, die Filets aus dem Sud nehmen, trockentupfen, auf die Apfelscheiben legen, darauf einen Zweig Dill. Mit der warmen Soße übergießen und servieren.

Panierte Salzheringe

4 Salzheringe, Milch, Mehl, 2 Eier, 2 EL geriebener Käse, 6 EL Paniermehl, Butter zum Braten, 1 Zitrone

Salzheringe entgräten und putzen, die Filets ca. 8 Stunden in Milch entsalzen; Milch ein- oder zweimal wechseln. – Die Salzheringe mit Küchenkrepp trockentupfen. In Mehl wenden, dann in verquirltem Ei und schließlich in dem mit dem geriebenen Käse vermischten Paniermehl gut andrücken. Die Butter erhitzen und die Filets 4 Min. braten. Mit Zitronenachteln garniert servieren.

Fische – auch am Abend und selbst geräuchert

Eine gute Mahlzeit läßt
die schlechten vergessen.
(Norddeutscher Spruch)

Aus meiner Jugend ist mir unvergeßlich, daß zu einem Festtag der abendliche Heringssalat zählte, den man selbst herstellte und der zu den kulinarischen Höhepunkten gehörte. Das Mittagessen war leicht und ließ deshalb zu, daß abends mit Genuß eine festliche Speisenfolge gegessen werden konnte, man konnte auch aus den Resten des Fisch-Mittagessens die delikaten Vorspeisen für das abendliche Fest herstellen.

Ich glaube, daß es heute nur deshalb so selten Fischsalate gibt, weil die Hausfrau nicht in den Ruf kommen will, Reste zu verwerten, oder auch vielleicht denkt, daß Fisch zu schnell verdirbt. Beides wäre unrichtig! Gerade für die praktisch und rationell denkende Hausfrau ist es ein Beweis für hervorragende Eigenschaften, auch Reste richtig zu verwerten. Und alle Fischreste lassen sich bedenkenlos zu Salaten verwenden, wenn man sie so bald wie möglich vorbereitet. Am besten sofort Gräten und Häute entfernen, die Stücke in eine Schüssel legen, leicht pfeffern und mit reichlich Zitronensaft beträufeln, also die Fischreste marinieren. Die Zitronensäure bewirkt eine Sterilisation, so daß sich der Fisch im Kühlschrank etwa 2 Tage hält.

Einfacher Fischsalat

500 g Fischreste (ohne Gräten, ohne Haut), 120 g Mayonnaise, 1 Gewürzgurke, 1 kl. geschälte Zwiebel, 1 geschälter entkernter Apfel, 3 Tomaten, Senf, Salz, 1 Pr. Zucker, Zitronensaft, Kondensmilch

Fischreste wurden bereits entgrätet, enthäutet und mit Zitronensaft reichlich beträufelt. Nun die Mayonnaise mit der fein gehackten Gewürzgurke, der fein gewürfelten Zwiebel und dem gewürfelten Apfel mischen. Mit den Gewürzen und etwas Zitronensaft pikant abschmecken. Falls die Masse zu steif gerät, mit Kondensmilch – soviel wie erforderlich – schlank rühren. Jetzt die Tomaten in Scheiben dazugeben und schließlich die Fischstücke darunterheben.

Fischsalat »Florida«

4 Apfelsinen, 1 Apfel, 1 Zwiebel, 1 Gewürzgurke, 150 g Mayonnaise, 3 EL Tomatenketchup, 1 EL Tomatenpaprika, 1 TL geriebener Meerrettich, 150 g gekochtes Fischfleisch

Von den Apfelsinen den Deckel abschneiden, vorsichtig das Fleisch herauslösen. Apfel, Zwiebel und Gewürzgurke in Scheiben schneiden. Zwiebel überbrühen und auskühlen lassen. Mayonnaise und Ketchup verrühren und die Zutaten damit anmachen. Tomatenpaprika in Scheiben dazugeben und mit geriebenem Meerrettich abschmecken. Das Apfelsinen- und Fischfleisch vorsichtig daruntermischen und die ausgehöhlten Apfelsinen damit füllen.

Feiner Heringssalat nach Art der Großmutter

8 Salzheringe (Milchner), Heringsmilch davon, 2 Eigelb, ⅛ l Öl, ⅛ l Sauerrahm, Essig, Pfeffer, Zucker, 2 geschälte Zwiebeln, 2 kl. Gewürzgurken, 1 EL Kapern, Salz, Essig, Zucker, 3 hartgekochte, geschälte Eier

Die Heringe werden 48 Stunden gewässert, dabei wird das Wasser öfter erneuert. – Dann werden die Heringe sorgfältig entgrätet und in feine längliche Streifen geschnitten, evtl. noch auftauchende Gräten entfernt. Die Heringsmilch wird mit dem Eigelb, dem Öl und Senf (Menge nach Geschmack) verrührt. Den Sauerrahm, Essig, Pfeffer und eine Prise Zucker sowie die fein geriebenen Zwiebeln hinzufügen. Die Soße wird über die Heringe gegossen. Die Gurken in feine Streifen schneiden und die Kapern zufügen. Alles gut durchmischen, nun erst mit wenig Salz abschmecken (falls überhaupt erforderlich) und noch einmal mit Essig und Zucker nachwürzen; jetzt noch die feingehackten Eier darunterheben. Dazu: geröstetes Weißbrot.

Fischsalat »Fortuna«

500 g Kabeljaufilet, Salz, Essig, 2 Zwiebeln, 1 Lorbeerblatt, 3 EL Sojasoße, 1 EL Tomatenmark, 2 EL Gurkenflüssigkeit, 3 EL Essig, Zucker, 4 EL Livioöl, 100 g Salatgurke, je 50 g Gewürz- und Senfgurke, 50 g schwarze Oliven, 3 hartgekochte Eier, 2 EL Schnittlauch

Wasser mit Salz, Essig, 1 Zwiebel und Lorbeerblatt aufkochen, das Fischfilet ca. 5 Min. darin ziehen lassen. Herausnehmen und abgekühlt etwas zerpflücken. Aus Sojasoße, Tomatenmark, Gurkenflüssigkeit, Essig, den Gewürzen und dem Öl eine Salattunke rühren, abschmecken, die Zwiebel in dünne Spalten schneiden, Gurken in Stifte; mit den Oliven unter die Soße mengen. Gut durchziehen lassen. Zuletzt die Eier achteln und ebenfalls untermengen. Mit Schnittlauch überstreut servieren.

Fischsalat aus Ölsardinen

3 Dosen Ölsardinen, 2 geschälte Apfelsinen, 1 geschälter entkernter Apfel, 1 Glas Senfgurken, 3 EL Zitronensaft, Salz, Pfeffer, Zucker, 3 hartgekochte geschälte Eier, 1 Bd. Petersilie

Das Öl aus den geöffneten Dosen abgießen (die Sardinen aber nicht abtropfen lassen), Sardinen in Stücke teilen. Die Apfelsinen, Apfel und die abgetropften Senfgurken würfeln; mit den Sardinen mischen. Den Zitronensaft mit Salz, Pfeffer und Zucker gut verrühren – darübergießen. Die Eier in Achtel schneiden, die Hälfte davon und die Hälfte der fein gehackten Petersilie unter den Salat mischen. Mit der jeweils anderen Hälfte den Salat dekorieren. Dazu: frische Brötchen mit Landbutter.

Räucherfisch-Salat mit Avokado

500 g geräucherter Goldbarsch, 1 Zitrone, 1 reife Avocado, 4 EL Rotweinessig, 2 EL Himbeergelee, Dill, 1 Pr. Salz, 1 Pr. Thymian, Pfeffer, 5 EL Öl, 1 hartgekochtes, gepelltes Ei, 1 gehäutete Tomate, etwas feingehackte Petersilie

Den Goldbarsch vorsichtig in Stücke teilen, von Haut und Gräten befreien. Avocadofleisch würfeln – Fisch und Avocadowürfel mit Zitronensaft beträufeln. – Den Essig mit Himbeergelee verrühren, den gehackten Dill (Menge nach Geschmack) dazugeben. Mit zerriebenem Thymian, Salz und Pfeffer würzen, das Öl mit dem Schneebesen darunterschlagen. Eiwürfel und die gewürfelte Tomate hineingeben. Die Fischstücke daruntermischen. Mit fein gehackter Petersilie bestreuen. Sofort servieren.

Bunter Fischsalat

500 g Fischfilet, 1 Zitrone, Salz, 3 geschälte Äpfel, 3 geschälte Tomaten, 2 EL gehackte Walnüsse, 1 P. Fertig-Mayonnaise, 1 Becher Joghurt mit Zitronengeschmack, etwas Essig, Salz, Pfeffer, 1 Pr. Zucker, 1 EL gehackte Petersilie

Fischfilet vorbereiten und salzen, mit ganz wenig Wasser im eigenen Saft in etwa 15 Min. garen. Abgekühlt in mundgerechte Stücke zerpflücken. Die Äpfel (ohne Kerngehäuse) würfeln, die Tomaten in Achtel schneiden und die gehackten Nüsse dazugeben. Aus der Mayonnaise und dem Zitronen-Joghurt eine Soße rühren, mit den Gewürzen pikant abschmecken, über den Fisch gießen, vorsichtig umrühren. Mit Petersilie bestreut servieren.

Bratkartoffeln mit Fischsalat aus Fischfilet

750 g Rotbarschfilet, 1 Zitrone, Salz, 125 g Krabbenfleisch, 250 g Möhren, 1 kl. Salatgurke, 200 g Sahnequark, 2 EL Öl, Senf, Weinessig, ⅛ l saure Sahne, 1 Glas Kapern, 3 EL gemischte Kräuter (Dill, Petersilie, Schnittlauch)

Rotbarschfilets vorbereiten und in ca. 12 bis 15 Min. gar dünsten. – Den Fisch in Blättchen zerlegen, mit dem Krabbenfleisch, den geputzten, gekochten und gewürfelten Möhren und der in feine Scheiben geschnittenen Salatgurke vermischen. Den Quark mit dem Öl verrühren und die saure Sahne, Senf und Weinessig – Menge nach Geschmack – abschmecken. Kapern und Kräuter darunterziehen. Falls die Soße zu fest ist, rühren Sie noch etwas

Kondensmilch darunter. – Die Soße über Fisch und Zutaten gießen und 20 Min. durchziehen lassen.
Dazu: würzige Bratkartoffeln mit gewürfelten Zwiebeln und Majoran.

Fischvollkonserven bereichern zunehmend unseren Abendbrottisch. Hauptsächlich wurde der Hering verarbeitet, der aber aufgrund von weltweiten Schonmaßnahmen heute nicht mehr so reichlich zur Verfügung steht. Heringsfisch Pilchard und Makrele drängen in die Lücke; sie sind mit ihrem zarten, saftigen Fleisch eine echte Bereicherung. Im allgemeinen werden sie nur mit Brot und Butter gegessen, lediglich Thunfisch und Anchovis haben Verwendung in mancherlei Gerichten gefunden.

Thunfischauflauf

2 Pfd. gekochte gepellte Kartoffeln, 2 Dosen Thunfisch (je 150 g), 100 g Gouda-Käse, 4 geschälte Tomaten, 1 geschälte Zwiebel, 1 geschälte Knoblauchzehe, 1 Bd. Petersilie, Butter zum Ausfetten, 2 Eier, 1/8 l Sahne, Salz, Pfeffer, Paprika edelsüß, Thymian, Basilikum, 1 Döschen Tomatenmark, Butter

Kartoffeln in Scheiben schneiden. In einer Schüssel mit abgetropften Thunfischstücken, Käsestücken, Tomatenscheiben und Zwiebelwürfeln mischen. Fein gehackte Knoblauchzehe und Petersilie dazugeben. Eine Auflaufform gut ausfetten, die Masse einfüllen. Eier mit der Sahne, den Gewürzen, den gehackten Kräutern und dem Tomatenmark gut verquirlen. Über den Auflauf gießen. Die Form in den vorgeheizten Backofen schieben und bei guter Mittelhitze (200 Grad) in ca. 35 Min. backen. Nach 25 Min. einige Butterflöckchen auf den Auflauf setzen.

Thunfischcreme

2 Dosen Thunfisch, Salz, 1 EL grüner Pfeffer, 100 g Butter, 1 Doppelrahmfrischkäse, 1 geschälte Zwiebel, 2 EL Essig, 1 EL Zitronensaft, 1 EL Senf, Salz, 1 Pr. Zucker, 1 EL Öl, ⅛ l kalte Brühe (Würfel), 3 EL gehackte Petersilie

Den Thunfisch in ein Sieb geben – abtropfen lassen. In einer Schüssel das Fischfleisch zerdrücken, zusammen mit dem grünen Pfeffer. Die weiche Butter und den Frischkäse darunterrühren, ein wenig salzen. Die Zwiebel hineinreiben. Essig, Zitronensaft, Senf, Salz, Zucker, Öl, Brühe (nur so viel, daß die Masse cremig bleibt) und Petersilie dazugeben, mit einem Holzlöffel cremig rühren. Die Creme schmeckt sehr gut zu Nudeln, Makkaroni, überhaupt zu allen Teigwaren.

Thunfischsoße

1 Dose Thunfisch (netto 200 g), 2 Zitronen, ½ Tasse Olivenöl, Salz, Pfeffer, Tabasco, 2 EL Parmesan, gerieben, 3 Eigelb von hartgekochten Eiern, 1 geschälte Knoblauchzehe

Den abgetropften Thunfisch in einer Schüssel fein zerreiben und den Saft von 2 Zitronen, Olivenöl, Salz, frisch gemahlenen Pfeffer, Tabasco – nach Geschmack, den geriebenen Parmesan und die Eigelb darunterrühren. Die Knoblauchzehe durchpressen und einrühren. So entsteht eine dickflüssige Soße, die Sie zu vielen Gerichten servieren können.

Thunfischtopf

4 EL Butter, 3 geschälte Zwiebeln, 4 geschälte Tomaten, 400 g grüne Nudeln, Butter, 2 P. »Holländische Soße« (Fertigprodukt), ⅜ l Milch, ½ Tasse Weißwein, Salz, Pfeffer, 1 Bd. Dill, 2 Dosen Thunfisch (je 200 g)

In der heißen Butter die gewürfelten Zwiebeln glasig dünsten, dann die sehr fein geschnittenen Tomaten dazugeben. Inzwischen die grünen Nudeln – nach Vorschrift auf der Packung – kochen; in etwas Butter schwenken. Währenddessen die Soße mit der Milch zubereiten und danach den Wein darunterrühren, würzen und schließlich den gehackten Dill darunterziehen. Den Thunfisch in ein Sieb geben, das Öl sehr gut abtropfen lassen, den Fisch mit 2 Gabeln zerpflücken und mit den Nudeln und der Soße mischen. In einer Schüssel anrichten und die Zwiebel-Tomaten-Masse daraufgießen.

Thunfischomelett

3 Dosen Thunfisch, 1 Minidose Erbsen, 2 Gewürzgurken, 1 Bd. Schnittlauch, Pfeffer, Paprika, edelsüß, Zitronensaft, 8 Eigelb, Salz, 3 EL Kondensmilch, 8 Eiweiß, 50 g Butter

Thunfisch in ein Sieb geben, das Öl gut abtropfen lassen, und mit 2 Gabeln zerpflücken. Mit den Erbsen, den in kleine Würfel geschnittenen Gurken und fein geschnittenen Schnittlauchröllchen mischen. Mit Pfeffer, Paprika und Zitronensaft würzen. – Die Eigelb mit Salz und Kondensmilch schaumig schlagen. Die Eiweiß steif schlagen und mit dem Eigelb mischen. Zwei Pfannen aufsetzen, je die Hälfte der Butter darin erhitzen und jeweils die Hälfte der Omelettmasse in die Pfannen gießen. Die Hitze zurückschalten, die Pfannen zudecken und die Omeletts in 4 bis 5 Min. stocken lassen. Dann das eine Omelett auf eine große vorgewärmte Platte gleiten lassen. Die Hälfte der Thunfischmasse darauf verteilen, das Omelett zusammenklappen. Das zweite Omelett auf die freie Hälfte der Platte gleiten lassen und ebenso füllen.

Anchovisauflauf

10 eingelegte Anchovis (oder 1 Glas Anchovisfilets), 1 Zitrone, 1000g geschälte Kartoffeln, 500g geschälte Zwiebeln, Fett für die Form, Pfeffer, 1 Becher süße Sahne (250g), 2 EL Paniermehl, 50g Butter

Die Anchovis unten ganz aufschneiden, auseinanderklappen, die Gräten herausziehen, längs halbieren; mit Zitronensaft beträufeln und mit Küchenkrepp trockentupfen. Kartoffeln in dünne Stifte schneiden, auf Küchenkrepp trocknen. Zwiebeln in Ringe schneiden. Auflaufform gut ausfetten; zuerst Kartoffelstifte, dann Zwiebelscheiben, dann Anchovis in die Form schichten – die oberste Schicht sollten Kartoffeln sein. Jede Schicht mit frisch gemahlenem Pfeffer etwas würzen. Zum Schluß den Becher Sahne vorsichtig darübergießen. Alles mit Paniermehl überstreuen. Mit Butterflöckchen besetzen. Den Auflauf in den vorgeheizten Backofen schieben und bei etwa 220 Grad in 45 bis 50 Min. backen.
Dazu: Zwiebelsoße mit Majoran.

Anchovis-Reisbällchen

1 geschälte Zwiebel, 100g Reis, ½ l Wasser, etwas Salz, 8 Anchovisfilets, Pfeffer, Curry, 1 Eiweiß, Paniermehl, Fett zum Ausbacken, 2 pürierte Anchovis, 4 EL Mayonnaise

Die Zwiebel kleinwürfeln und mit dem Reis in Salzwasser garen. Die sehr klein geschnittenen Anchovis und die Gewürze dem Reis zufügen und gut mischen, dann erst vom Feuer nehmen. Alles abkühlen lassen. Mit zwei Löffeln aus der Masse Bällchen formen; jedes in etwas verschlagenem Eiweiß drehen und rundum in Paniermehl wenden. Dann in Fett schwimmend goldgelb ausbacken. – 2 Anchovisfilets pürieren und mit der Mayonnaise gut vermischen. Die Bällchen mit der Mayonnaise garnieren und dann servieren.

Anchovissalat

1 Kopfsalat, 4 hartgekochte gepellte Eier, 8 Anchovisfilets aus dem Glas, ½ Salatgurke, Öl, Essig, Pfeffer, Senf

Kopfsalat waschen, putzen, die Blätter lösen. Eier achteln und vorsichtig mit den Salatblättern mischen. Anchovis eine halbe Stunde wässern, halbieren und zum Salat geben. Salatgurke (mit Schale) dünn hobeln, ebenfalls untermischen. Aus Öl, Essig, Pfeffer und Senf (nach Geschmack) eine Salatsoße rühren, pikant abschmecken, über den Salat gießen und vorsichtig mischen.
Dazu: Bratkartoffeln mit Zwiebeln und Majoran.

Räucherfisch

haben wir heute fürs Schlemmerfrühstück, fürs kräftige Mittagessen genauso wie für den Abendbrottisch oder für hungrige Mitternachtsgäste zur Verfügung.
Der absolute Hit ist aber das *Selberräuchern;* Sie und Ihre Gäste müssen einmal erleben, wie gut Fische schmecken, wenn sie frisch und noch warm aus dem Rauch kommen! Was bisher nur Angler mit ihren Räuchertöpfen konnten, können Sie jetzt mit den neuen Räuchergrills auch. In Hobbyläden und in Läden für Anglerbedarf finden Sie eine reiche Auswahl, Zubehör und Anleitungen. Es gibt dafür einige wenige, leichte Grundregeln:

- Fische vor dem Räuchern ausnehmen, Ausnahme: Sardinen.
- Mit Zitronensaft beträufeln, reichlich salzen, 1 Stunde ziehen lassen.

- Nach dieser Stunde wird der Fisch sorgfältig gereinigt und mindestens 10 Min. an der Luft getrocknet. Nun kann der Fisch liegend oder hängend geräuchert werden.
- Das Räuchergerät sollte nicht gereinigt werden, dann wird der Rauchgeschmack intensiver.
- Abtropfendes Fett könnte das Räuchermehl löschen, deshalb ein tellerförmig gebogenes Stück Alufolie darüberlegen; damit wird das Fett aufgefangen.
- Für Fische sind besonders die milden Räuchermehle von Erlen-, Weiden- und Eschenbäumen geeignet.

Geräucherte Forellen

4 Forellen, 2 EL Salz, 1 Zitrone, etwas Pfeffer, 3 EL Räuchermehl

Die küchenfertigen Forellen gut mit Salz innen und außen einreiben, mit Zitronensaft säuern. Einziehen lassen. Mit Küchenkrepp trocken reiben, etwas pfeffern und 10 Min. trocknen lassen. Auf Räuchermehl 25 bis 30 Min. räuchern.

Gebackener Räucherfisch

150 g Mehl, 100 g weiche Butter, 1 Ei, ½ TL Salz, Butter zum Ausfetten, 750 g geräucherter Rotbarsch, 1 Becher süße Sahne (ca. 200 g), 4 Eigelb, 1 TL Senf, Pfeffer

Mehl und Butter mit Ei und Salz verkneten. Eine Springform – Durchmesser 24 cm – ausfetten und mit dem Teig auslegen, dabei einen etwa 3 cm hohen Rand hochdrükken. Teigboden und Rand mehrmals mit einer Gabel einstechen. Den Teig kühl stellen, am besten im Kühlschrank. Den Rotbarsch von Haut und sorgfältig von den

Gräten befreien, das Fischfleisch in Blättchen teilen. Nun den Boden mit dem Räucherfisch bedecken. Die Sahne mit den Eigelb, dem Senf und dem Pfeffer gut verschlagen. Alles über den Fisch gießen. Die Form in den kalten Backofen schieben und bei 180 Grad 60 Min. backen.

Räucherfischsalat

500g Räucherfisch (Rotbarsch, Heilbutt), 1 Dose Sellerie (ca. 250g), 125g Gouda, 2 geschälte Äpfel (ohne Kerngehäuse), 2 Gewürzgurken, 3 EL Öl, 4 EL Weinessig, 3 EL Wasser, 1 geschälte Zwiebel, Senf, 1 Pr. Salz, 1 Pr. Zucker

Den Räucherfisch enthäuten, sorgfältig entgräten und zerpflücken; in eine Schüssel geben. Sellerie abtropfen lassen, dann in feine Streifen schneiden, ebenso Käse, Äpfel und Gewürzgurken; alles zum Fisch in die Schüssel geben. Aus Öl, Essig, Wasser, der geriebenen Zwiebel, dem Senf, Salz und Zucker eine pikante Marinade herstellen. Über den Fisch und die Zutaten geben und vorsichtig vermischen.

Schollen – geräuchert

4 Schollen, 2 EL Salz, Fischgewürz, 1 Zitrone, 3 EL Räuchermehl

Küchenfertige Schollen für 3 bis 4 Stunden in Wasser legen, in dem 2 EL Salz aufgelöst wurden; Fischgewürz und eine unbehandelte Zitrone, in Scheiben geschnitten, ebenfalls zufügen. – Die Schollen herausnehmen, mit Küchenkrepp trockentupfen – 10 Min. trocknen lassen. 3 EL Räuchermehl in die Mitte des Grillbodens geben, nach Angaben des Herstellers des Räuchergeräts etwa 15 bis 17 Min. räuchern.

»Französische« Marinade für Räucherfisch

Falls Sie einmal einen besonderen Räucherfischsalat zubereiten wollen, empfehle ich Ihnen dazu eine »französische« Marinade. Diese Marinade ist für 500 g verschiedene Arten von Räucherfisch passend:

1 T Essig, 1 T Wasser, 6 EL Olivenöl, Zucker, Pfeffer, Paprika, edelsüß, Curry, 1 Knoblauchzehe, gefüllte Oliven, 2 Chilis, 1 eingelegte rote Paprikaschote, kleine Perlzwiebeln, Tomaten, Dill

Essig, Wasser, Öl mit Zucker, Pfeffer, Paprika und Curry kurz aufkochen; die durchgepreßte Knoblauchzehe dazufügen. Erkalten lassen. Nun halbierte gefüllte Oliven und die in feine Streifen geschnittenen Chilis, die gehackte Paprikaschote sowie Perlzwiebeln (Menge nach Wunsch) hineingeben. Diese Marinade über die Räucherfischstükke gießen, mit Tomatenachteln und Dillzweigen garnieren. Etwas durchziehen lassen.

Lachsrühreier auf Toast

4 Toastscheiben, 1 EL Butter, 6 Eier, 1 EL Sahne, 1 Pr. Pfeffer, 1 Dose Räucherlachs (oder frisch geschnittener echter Lachs), einige Oliven, etwas Dill

Toastscheiben rösten. Butter in der Pfanne erhitzen; die Eier mit Sahne und Pfeffer verquirlen und ein lockeres saftiges Rührei herstellen. Auf die Scheiben verteilen und darauf Räucherlachs legen; mit Olivenscheiben und Dillzweigen garniert servieren.

Bückling in Rührei

2 Bücklinge, 4 Eier, 4 EL Sahne, Salz, Pfeffer, Schnittlauch, 50 g Butter, Petersilie

Bücklinge an der Rückengräte einschneiden. Haut an beiden Seiten herunterklappen. Die Filets von den Gräten heben. In Stücke teilen – noch einmal Gräten entfernen. Die Eier mit der Sahne verquirlen, mit ganz wenig Salz und mit Pfeffer würzen, Schnittlauchröllchen darunterziehen. Butter in der Pfanne erhitzen und die Bücklingsstücke leicht anbraten, bis sich das Fett löst, dann die Eier vorsichtig darübergießen und bei kleiner Hitze stocken lassen. Mit fein gehackter Petersilie bestreut servieren.

Brotaufstrich aus Bückling

Dieser Brotaufstrich wird von meinen Enkelkindern sehr gern gegessen:

3 Bücklinge, Petersilie, 1 geschälte Zwiebel, 125 g Butter, Zitrone, Salz, Muskat

Bücklinge putzen, enthäuten und sehr sorgfältig entgräten, dann mit der gehackten Petersilie und der gewürfelten Zwiebel durch die feine Scheibe des Fleischwolfs drehen. Die Masse mit der schaumig gerührten Butter verrühren, dann verkneten. Mit Zitronensaft, etwas Salz und geriebener Muskatnuß pikant abschmecken. – Der Brotaufstrich hält sich am kühlen Ort mehrere Tage.

Geräucherter Merlan mit Meerrettichsahne

500 g geschälte Kartoffeln, ⅛ l Sahne, 2 TL Meerrettich (aus der Tube), etwas Zitronensaft, 1 Pr. Zucker, 500 g geräucherter Merlan, Pfeffer, 1 Bd. Dill, Butter

Die Kartoffeln kochen; inzwischen die Sahne steif schlagen, mit Meerrettich, Zitronensaft und Zucker verrühren. Den geräucherten Merlan enthäuten und sorgfältig entgräten, hübsch auf einem Teller anrichten, frisch gemahlenen Pfeffer darübergeben. Die Kartoffeln mit etwas gehacktem Dill überstreuen und in etwas Butter schwenken. Ein paar Dillzweige als Dekoration auf den Merlan geben und ein paar Tupfer Dill auf die getrennt servierte Meerrettichsahne.

Räucherfisch in Curryreis

1 geschälte Zwiebel, 2 T Reis, 3 EL Öl, 4 T Brühe (Würfel), Salz, 1 EL Curry, weißer Pfeffer, 750 g geräucherter Rotbarsch, 4 hartgekochte Eier, Petersilie, Butter für Flöckchen

Zwiebel würfeln, zusammen mit Reis im heißen Öl glasig dünsten, dann die Brühe angießen und den Reis in 20 Min. ausquellen lassen, etwas salzen, den Curry untermischen, etwas pfeffern. Den geräucherten Rotbarsch von Gräten befreien und etwas zerpflücken und unter den fertigen Reis mischen. Die Eier und die Petersilie fein hacken, ebenfalls unter den Reis geben. Einige Butterflöckchen darauf setzen und auf dem warmen Gericht schmelzen lassen.

Räucherfischsuppe

50 g Butter, 2 geschälte säuerliche Äpfel (Kerngehäuse entfernt), 1 l Brühe (Würfel), 1 kl. Paket Tiefkühlerbsen, 300 g Räucherfisch, 1 Glas Rotwein, etwas Zitronensaft, 3 geschälte Tomaten, 1 EL Petersilie, 1 EL Schnittlauch

In der in einem großen Topf erhitzten Butter die in

Scheiben geschnittenen Äpfel bei milder Hitze andünsten, dann mit der Brühe auffüllen. Die Tiefkühlerbsen dazugeben und 6–8 Min. auf kleiner Hitze garen. – Den Räucherfisch enthäuten, entgräten und in mundgerechte Stücke zerteilen; Rotwein und wenig Zitronensaft, zusammen mit den in Scheiben geschnittenen Tomaten, in die Brühe geben und noch 5 Min. ziehen lassen. Mit gehackter Petersilie und fein geschnittenen Schnittlauchröllchen bestreut servieren.

Aal mit Rührei

4 Eier, 4 EL Mineralwasser, Salz, Pfeffer, Basilikum, 1 Bd. Schnittlauch, Butter für Rührei, 4 Tomaten, 500 g Räucheraal

Die Eier mit Mineralwasser, Salz, Pfeffer, Basilikum und 1 EL Schnittlauchröllchen verrühren. In einer großen Pfanne Butter erhitzen und ein saftiges Rührei bereiten. Tomaten waschen, in Scheiben schneiden und um den Rand einer runden vorgewärmten Platte legen. Das Rührei in die Mitte füllen. Inzwischen haben Sie den Aal enthäutet und die Mittelgräte entfernt; nun in fingerlange Stücke schneiden und auf das heiße Rührei legen. Die restlichen Schnittlauchröllchen darüber geben. Dazu: Bauernbrot mit Butter.

Spezialitäten von nah und fern

Liebe Freunde, man kann im Urlaub nicht nur Land und Leute kennenlernen, sondern auch das Interesse für die Lebensumstände eines fremden Volkes als einen Teil der Erholung und des Abschaltens ansehen. Und gibt es angenehmere oder erfreulichere Lebensumstände als die fremde Küche mit wohlschmeckenden, zum Teil exotisch anmutenden Gerichten? Man hat mir überall mit stolzer Freude Rezepte und Anregungen gegeben. Ein Beispiel dafür: Während eines Urlaubs in Spanien habe ich in einer katalanischen Küche gesehen, wie ein nicht ganz junges Huhn mit Salz vollständig eingehüllt und in den Backofen geschoben wurde. Nach verhältnismäßig kurzer Zeit wurde es herausgeholt und die hart gebackene Kruste zerschlagen. Das Ergebnis war ein zartes Huhn mit braungebackener Haut von einem wunderbaren Aroma – und nicht die Spur salzig! Die Spanierin erzählte mir, daß man es genauso mit Fischen mache. Deshalb habe ich es, als ich wieder zu Hause war, mit einem Zander versucht:

Zander in der Salzkruste (Spanien)

1 küchenfertiger Zander (ca. 2000 g), 1 Zitrone, Pfeffer, 1 Bd. Petersilie, 1 Bd. Dill, Thymian, 3 Eiweiß, ⅛ l Wasser, 2500 g grobes Meersalz

Zander waschen, mit Küchenkrepp abtrocknen, evtl. noch Flossen abschneiden. Innen und außen mit Zitronensaft beträufeln, 5 Min. einziehen lassen. Mit Küchenkrepp noch einmal trockentupfen, dann innen und außen leicht pfeffern. Die gehackten Kräuter in die Bauchhöhle füllen. – Die Eiweiß zu einem steifen Schnee schlagen, mit einem ⅛ l Wasser verquirlen und in das Salz rühren, das Sie in eine Schüssel geschüttet haben. Das präparierte Salz nun in Größe des Fisches 2 cm dick auf das Backblech geben und den Fisch in Schwimmstellung darauflegen. Das restliche Salz rings um und auf den Fisch legen und gut andrücken. – In den vorgeheizten Backofen schieben und in 40 bis 45 Min. bei 200 Grad backen. Ein paarmal mit Wasser befeuchten, damit die Kruste nicht bricht. – Auf dem Blech servieren und am Tisch die Kruste aufbrechen.

Betrunkener Karpfen (Ungarn)

1 Karpfen (ca. 2000 g), Essig, Salz, 500 g geschälte Zwiebeln, 1 geschälte Knoblauchzehe, 4 EL Öl, 250 g geschälte Tomaten, Salz, Pfeffer, 1 Bd. Petersilie, ½ l Weißwein, 2 TL Mehl, 1 Zitrone

Den Karpfen ausnehmen (vorsichtig sein mit der Galle), nur mit nassen Händen anfassen und unter fließendem kaltem Wasser abwaschen. Dann auf einer Platte mit heißem Essig übergießen, 30 Min. stehen lassen. Inzwischen die Zwiebeln in Scheiben schneiden, die Knoblauchzehe fein reiben und beides im heißen Öl glasig werden lassen. Die Tomaten in Stücke schneiden, alles mit Salz und Pfeffer würzen, die gehackte Petersilie daraufstreuen und nun die Masse gut umrühren. – Jetzt den Karpfen innen salzen und in Schwimmstellung in die Bratpfanne legen; er hält sich gut, wenn Sie eine Tasse umgedreht in die Bauchhöhle stellen. Den Karpfen mit der Zwiebel-Tomaten-Masse belegen, den Wein darangießen. Auf der mittleren Schiene einschieben und bei 200 Grad in 40 Min. backen. – Die Soße mit dem angerührten Mehl binden. – Mit Zitronenscheiben garniert servieren. Dazu: Petersilienkartoffeln und Buttersoße.

Indisches Fischfilet

800 g Fischfilet, 1 Zitrone, Salz, Öl zum Schmoren, 2 EL Butter, 4 geschälte Bananen, 3 EL Butter, 1 EL Curry, 1/8 l süße Sahne

Fischfilets waschen, abtrocknen und mit Zitronensaft säuern, etwas einziehen lassen. Mit Küchenkrepp trocknen. Öl mit der Butter zusammen in einer großen Pfanne erhitzen. Die Fischfilets in dünne Scheiben schneiden, in die Pfanne geben und bei mäßiger Hitze schmoren, zwar bräunen, aber nicht knusprig werden lassen. Inzwischen in einer anderen Pfanne in der heißen Butter die halbierten Bananen von beiden Seiten braten, mit 1 EL Curry bestäuben. Die gebratenen Bananen zum Fisch servieren. Den Bratenfond mit der Sahne ablöschen, die Soße getrennt dazugeben. Dazu: Reis.

Spaghetti alla Marinara

1 gr. geschälte Zwiebel, 1 geschälte Knoblauchzehe, 80 g durchwachsener geräucherter Speck, 6 EL Olivenöl, 1 EL Butter, 2 Döschen Tomatenmark, 8 Anchovis, Pfeffer, Oregano, 400 g Spaghetti, geriebener Parmesan

Die Zwiebel würfeln, den Knoblauch kleinhacken. Gewürfelten Speck in dem heißen Öl und der Butter ausbraten, Tomatenmark, Zwiebel, Knoblauch und die Anchovis dazugeben, kurz anschmoren. Nun alles im Mixer pürieren, mit Pfeffer und Oregano abschmecken. In einem großen Topf die Spaghetti »al dente« kochen, abgießen, abtropfen lassen.
Die Spaghetti mit der Soße übergießen, über jede Portion geriebenen Parmesan streuen.

Nordsee-Pizza mit Krabben

250g Mehl, 25g Hefe, 1 Pr. Salz, 1EL Öl, 1 Ei, etwas Wasser, 200g Emmentaler Käse in Scheiben, 3 Dosen Tomatenmark, 5EL Öl, Salz, 1 Glas eingelegte Paprika, 300g Krabbenfleisch, 1½TL Oregano, 2 Anchovisfilets, 4 geschälte Zwiebeln, 3EL Tomatenketchup, 3EL Öl

Den Hefeteig aus den Zutaten zubereiten und kneten. Aufgehen lassen. Inzwischen den Belag vorbereiten: Käse in kleine Würfel schneiden, Tomatenmark, Öl, Salz verrühren. Die eingelegten Paprika in Streifen schneiden, daruntergeben. Nun die Krabben vorsichtig daruntermischen.
Nun rollen Sie den Teig aus und legen ihn auf ein gefettetes rundes Backblech. Noch einmal kurz gehen lassen, dann den Belag auflegen, mit Oregano bestreuen, die Anchovis der Länge nach halbieren und auf jedes Viertel der Pizza einen Streifen legen. Die Zwiebeln in Scheiben schneiden und darüber verteilen. In den vorgeheizten Ofen schieben und bei 200 Grad etwa 30 Min. backen. Nach 25 Min. das mit dem Öl gut vermischte Tomatenketchup auf der Pizza verteilen, dann wird sie saftig bleiben.

Seafood special

1l Wasser, 1 geschälte Knoblauchzehe, 1 Lorbeerblatt, 500g geschälte Kartoffeln, 2 geschälte Zwiebeln, 1 Fenchelknolle, 1 Stange Lauch (Porree), 1 Sellerieknolle, 1½EL Essig, 500g Miesmuscheln, 200g Shrimps (tiefgekühlt), 200g Grönlandkrabben (tiefgekühlt), 250g Seeaal, 1 Dose geschälte Tomaten (800 bis 900ml), Salz, Pfeffer, Zitronensaft

Das Wasser mit der Knoblauchzehe und dem Lorbeerblatt

in einem nicht zu kleinen Topf zum Kochen bringen. Die Kartoffeln waschen und würfeln; Sellerie, Porree und Fenchel putzen und waschen. Sellerie würfeln, Porree und Fenchel sowie die Zwiebeln in Scheiben schneiden. Alles (ohne Salz) in den Topf geben, 20 Min. kochen. Die Brühe dann durch ein Sieb in einen großen Topf geben, den Essig dazu.
Muscheln unter fließendem Wasser bürsten – geöffnete und beschädigte wegwerfen –, Shrimps und Grönlandkrabben – beide noch in der Schale – dazugeben, ebenso den gewaschenen, in 1 cm dicke Scheiben geschnittenen Seeaal. 10 Min. kochen. Nun alles aus der Brühe nehmen: Muscheln (noch geschlossene wegwerfen), Shrimps und Krabben aus der Schale lösen. Jetzt alles, einschließlich Seeaal, Gemüse und abgetropften Tomaten aus der Dose, in der Brühe erhitzen. Mit den Gewürzen und dem Zitronensaft pikant abschmecken. Zu diesem Eintopf paßt Stangenweißbrot mit Knoblauchbutter.

Stockfischragout aus Vicenza

1 Stockfisch (ca. 1000 g), 500 g geschälte Zwiebeln, 2 geschälte Knoblauchzehen, 4 Anchovisfilets, 1 Bd. Petersilie, 1 Tasse Olivenöl, 3 EL Mehl, 3 EL geriebener Parmesan, Salz, Pfeffer, ½ l Milch, Olivenöl

Den Stockfisch 5 bis 6 Tage in kaltem Wasser wässern, dabei öfter das Wasser wechseln. Danach den Stockfisch enthäuten, ganz aufschneiden, die Gräten sorgfältig herausnehmen. Die Zwiebeln und den Knoblauch fein hakken, das Öl erhitzen und Zwiebeln, Knoblauch, die gehackten Anchovis und die feingehackte Petersilie im heißen Öl andünsten. Diese Masse – aber ⅓ zurückbehalten – in den Stockfisch füllen. Den Fisch mit einem

scharfen Messer nun quer in etwa zweifingerbreite Stücke schneiden. Die Stücke mit Mehl bestäuben und leicht in dem geriebenen Parmesan drehen; die Stücke in einen weiten Topf setzen. Zuerst mit Olivenöl angießen, die restliche Zwiebelmasse über die Stücke streichen, dann mit Milch auffüllen, bis alles eben bedeckt ist. Den offenen Topf in den vorgeheizten Backofen schieben und bei 160 bis 180 Grad in etwa 4 bis 5 Stunden gut garen.
Tip: Wenn Sie den Stockfisch suchen: Sie bekommen ihn bestimmt in italienischen oder spanischen Läden.

Dayong-Rotbarsch (chinesisch)

800 g Rotbarschfilet, 1 Zitrone, 1 TL Chinagewürz, Salz, 1 EL Sojasoße, 1 EL Speisestärke, 1 gr. geschälte Zwiebel, 1 Stange Porree (Lauch), 250 g frische Champignons, 2 EL Olivenöl, 3 EL Butter, ¼ l heißes Wasser, 1 EL Essig, 1 EL Zitronensaft, ½ TL Chinagewürz, 2 TL Zucker, 1 EL Sojasoße, Sherry nach Geschmack

Das Rotbarschfilet säubern, mit Zitronensaft säuern und in etwa 2 cm große Würfel schneiden. Das Chinagewürz mit etwas Salz, Sojasoße und Speisestärke verrühren, über die Fischstücke geben und einziehen lassen. Die Zwiebel und die geputzte und gewaschene Porreestange in Ringe schneiden. Die frischen Champignons putzen, waschen und abgetropft der Länge nach durchschneiden. Öl und Butter in einer großen Pfanne erhitzen, die Fischstücke hineingeben und rundherum hellbraun braten. Zwiebel, Porree und Champignons dazugeben und kurz mitbraten. In das heiße Wasser den Essig, Zitronensaft, das Chinagewürz, den Zucker, die Sojasoße und den Sherry geben, gut verrühren, dann über die Fisch-Gemüse-Masse geben, unterrühren. Die Pfanne mit einem

Deckel verschließen und noch etwa 8–10 Min. garen. Dazu: natürlich Reis!

Fisch aus dem Schweizer Oberland

4 Bodenseefelchen (je 200g), Zitronensaft, Salz, Pfeffer, ⅛ l Weißwein (trocken), Butter zum Ausfetten, 3 geschälte Zwiebeln, 1 Salatgurke, 500g gehäutete Tomaten, 1 Zitrone, Petersilie

Die Felchen küchenfertig kaufen. Zu Hause waschen, mit Küchenkrepp trocknen, in eine flache Schüssel legen. Mit Zitronensaft beträufeln, einziehen lassen, den Wein innen und außen darübergießen, die Fische innen und außen salzen und pfeffern. Eine feuerfeste Auflaufform dick ausbuttern, die gehackten Zwiebeln in die Form geben und die vorbereiteten Fische darauflegen. Die gewaschene Gurke in Stücke schneiden und zusammen mit den gehäuteten Tomaten in einem Topf in heißer Butter kurz andünsten, dann über die Fische geben. Die Marinade aus der Schüssel daraufgießen. Die Auflaufform mit Alufolie abdecken. Bei mittlerer Hitze im Backofen in etwa 40 Min. garen.
Herausnehmen, den Fond abgießen und einkochen, dann Butter einrühren. Die Fische, zusammen mit dem Gemüse, portionsweise auf 4 Teller verteilen, mit Zitronenachteln und gehackter Petersilie garnieren. – Die Soße getrennt reichen, dazu: Petersilienkartoffeln, in Butter geschwenkt.

Klaus Störtebeker, der Seeräuber, der 1401 in Hamburg hingerichtet wurde, hat zu Lebzeiten in den Hamburger Hafenkneipen die »Hamburger Aalsuppe« bekannt gemacht. Sie wurde seither zu einer Art Hamburger Nationalgericht, das sowohl am Hafen wie in Patrizierhäusern gereicht wurde. Wenn Sie ein Freund der kräftigen Seebrise sind, dann wissen Sie, daß dieses üppige Gericht in der kalten Jahreszeit eine kleine Kaloriensünde wert ist, nur – Ihr Magen darf nicht empfindlich sein!

Hamburger Aalsuppe

100 g gemischtes Backobst (Pflaumen, Äpfel, Birnen), 1 EL Zucker, 1 gr. Schinkenknochen, 2½ l Wasser, 350 g Schweinebacke, 350 g Kasseler, 1 kl. Knolle Sellerie, 4 Mohrrüben, 2 Stangen Porree (Lauch), 1 Petersilienwurzel, Salz, Pfeffer, je 1 Msp. Majoran, Thymian, Bohnenkraut, Estragon, 500 g frischer Aal, 1 kl. Dose Brechbohnen und Erbsen, Essig, Zucker, 1 EL Petersilie

Das Backobst über Nacht einweichen; am nächsten Tag mit 1 EL Zucker im Einweichwasser garen. Den Aal beim Fischhändler küchenfertig vorbereiten lassen. Dann zu Hause den Schinkenknochen in einem großen Topf mit 2½ l Wasser zum Kochen bringen und nach 2 Stunden die Schweinebacke und das Kasseler dazufügen und gar kochen, Knochen und Fleisch herausnehmen und beiseite stellen. Die Brühe abkühlen lassen und die Fettschicht abheben. Die Sellerieknolle, die Mohrrüben, die Porreestangen und die Petersilienwurzel putzen und schälen, kleinschneiden und mit Gewürzen und Kräutern in der erneut erhitzten Brühe weich kochen. – Den Aal waschen, leicht salzen und in kurze Stücke schneiden. Zusammen mit den abgetropften Brechbohnen, den abgetropften Erbsen, dem kleingeschnittenen Fleisch und dem Backobst in der heißen Brühe noch etwa 20 bis 25 Min. ziehen lassen, aber nicht mehr kochen. Die Suppe mit Essig und Zucker pikant süßsauer abschmecken, in eine Terrine füllen und mit gehackter Petersilie bestreuen. Die Menge reicht aus für 4 bis 6 Personen.

Schlußwort

Arne Krüger, als Könner und Wissender bekannt, schrieb in »Feinschmecker«:

»Die modernen Küchenchefs sind von Kopf bis Fuß auf Fischgerichte eingestellt. Das beweist ein Blick auf die einschlägigen Speisekarten von Hamburg, Berlin, Köln, München – und natürlich Aachen.«

Verzeichnis der Rezepte